Derechos sexuales y reproductivos
Teoría, política y espacio público

MÓNICA PETRACCI

JOSEFINA LEONOR BROWN Y CECILIA STRAW
(COLABORADORAS)

Derechos sexuales y reproductivos

Teoría, política y espacio público

teseo

Petracci, Mónica
Derechos sexuales y reproductivos - Teoría, política y espacio público /
Mónica Petracci ; con colaboración de Josefina Leonor Brown y Cecilia Straw.
- 1a ed. - Buenos Aires : Teseo, 2011.
224 p. ; 20x13 cm. - (Salud pública)
ISBN 978-987-1354-97-9
1. Estudios de Género. 2. Sexualidad. I. Brown, Josefina Leonor, colab. II.
Straw, Cecilia, colab.
CDD 305.42

teseo

© Editorial Teseo, 2011

Buenos Aires, Argentina

ISBN 978-987-1354-97-9

Editorial Teseo

Hecho el depósito que previene la ley 11.723

Para sugerencias o comentarios acerca del contenido de esta obra,
escríbanos a: **info@editorialteseo.com**

www.editorialteseo.com

ÍNDICE

INTRODUCCIÓN

Este libro es el resultado de tres años de trabajo en un proyecto de investigación subsidiado por la Universidad de Buenos Aires (Programación Científica UBACyT 2008-2010, CS025, "Opinión pública sobre derechos sexuales y reproductivos en la Argentina 1994-2006: un consenso estable en el espacio globalizado de opinión") cuya sede fue el Instituto de Investigaciones Gino Germani de la Facultad de Ciencias Sociales de esa universidad. Está formado por dos partes prologadas por las autoras –"Entramados teóricos y políticos" y "Espacio público: opinión pública y medios de comunicación"– en las cuales se abordan teoría, política y espacio público en el campo de los derechos sexuales y reproductivos.

La escritura del libro partió de los ejes del diseño del proyecto de investigación mencionado y se nutrió teórica, metodológica y empíricamente tanto de los intercambios y las discusiones mantenidos en el equipo durante la realización del estudio, como de la lectura atenta de los artículos. La idea principal fue comprender y describir los procesos sociales y políticos y los discursos sociales circulantes en el espacio público y político –haciendo énfasis en la opinión pública y los discursos sociales en la prensa gráfica– sobre VIH/sida y test de VIH, anticoncepción de emergencia, aborto y fertilización asistida en la Argentina entre 1994 y 2010.

El abordaje del espacio público (no estatal) que aquí se presenta, a través de la opinión pública y de los discursos sociales que circulan en los medios gráficos de comunicación, se justifica por diferentes motivos. Es un aporte a la producción de conocimientos (actualmente muy fructífera) y al debate público (actualmente en tensión) sobre sexualidad y normas sociales, con vistas a un cambio en las normas encaminado a ampliar la ciudadanía sexual. Dado que en la Argentina no existe una consagración normativa que exprese el derecho al ejercicio de la sexualidad como tal, el análisis del sistema político y del escenario social es una modalidad de acercamiento para observar hasta qué punto están dadas las condiciones para el ejercicio de los derechos sexuales y reproductivos. La adopción de esta perspectiva comunicacional de análisis también es una contribución novedosa al campo de esos derechos dado que permite profundizar el espacio menos explorado de un tema profusamente investigado; reúne los análisis de los discursos circulantes en los medios de comunicación y los estados de la opinión pública (a través de sondeos, tomas de posición y expresiones de movimientos sociales), generalmente analizados de manera independiente; así como también pone especial atención en las articulaciones encontradas y desencontradas de ese espacio con lo público estatal.

Las cuatro temáticas fueron elegidas por diversos motivos que las acercan y las alejan, tal como el lector encontrará en esta "Introducción" y en cada parte del libro. Están en el cruce de los conflictos que la separación de la sexualidad y la reproducción deparan al orden político y social. Son objeto, especialmente el aborto, de la controversia presente en la sexualidad, la reproducción y la decisión de no reproducción, y el debate sobre el estatuto del embrión y el origen de la vida. Son temáticas tratadas y problematizadas por los medios de comunicación, si bien con disímil cobertura. También, en el caso de aquellas en las que se encontraron datos disponibles, la ciudadanía las percibe como significativas. Según un estudio por encuestas realizado por el Centro de Estudios de Estado y Sociedad en la Ciudad de Buenos Aires y el Gran Buenos Aires en 2004, en el que se consultaba por un conjunto de temas y problemas vinculados a la salud, una gran mayoría de entrevistados y entrevistadas consideró que el VIH/sida (98%), el aborto (82%) y la falta de políticas sobre anticoncepción (82%) eran temas de salud que la población consideraba "muy o bastante graves", de los cuales el Estado debía ocuparse. Un último motivo, que marca una diferencia entre fertilización asistida y el resto de las temáticas, apunta a las organizaciones no gubernamentales, ya que en el caso de la fertilización asistida no se identifican ni, en general, pertenecen al movimiento de mujeres tal como ocurre con las otras.

El período analizado, que excede en cuatro años al planteado inicialmente, fue elegido, en primer término, porque 1994 es el año en el cual se realizó el primer sondeo de opinión sobre temas sexuales y reproductivos, especialmente sobre aborto, emprendido por una funcionaria pública, la Directora del Consejo Nacional de la Mujer, Licenciada Virginia Franganillo, que fue reconocido por el movimiento de mujeres y que ocupó un lugar en el debate sobre aborto desatado a raíz del intento del expresidente Carlos Menem de introducir un artículo que garantizara "el derecho a la vida desde la concepción hasta la muerte natural" en el nuevo texto constitucional que se estaba por sancionar. En segundo lugar, la fecha de cierre del período es el año 2010 por dos motivos: uno cercano al diseño de la investigación ya que en ese año se realizó el sondeo de opinión del proyecto sobre las cuatro temáticas investigadas y otro, que excede el alcance de este trabajo pero no puede dejar de ser mencionado pensando en el espacio público, fue la sanción de la Ley 26618 de Matrimonio Igualitario el 15 de julio de ese año.

Respecto del diseño, se buscó complementar metodologías cualitativas y cuantitativas con fuentes primarias y secundarias cuyo análisis, tal como se señaló previamente, está localizado en la parte segunda de este libro.

Finalmente el propósito al que aspiramos con la presentación de los hallazgos sobre cada tema en particular y su inserción en una visión de conjunto es promover la discusión pública, reflexionar sobre sus términos para evitar la despolitización y el silencio y fortalecer esa discusión con argumentos y evidencia empírica sólidos. El cumplimiento de ese propósito es un aporte más a un debate que indudablemente viene siendo sostenido, aún con dificultades desde 1983, por actoras y actores sociales y políticos vinculados al feminismo y el movimiento de mujeres, a los derechos humanos, a la violencia sexual, a la lucha contra el sida, a los grupos y movimientos de gays, lesbianas y *trans*, a trabajadoras y trabajadores sexuales, a mujeres y travestis en situación de prostitución, con el fin de construir una sociedad en la que el Estado proteja la dignidad y la libertad de las personas sin discriminación y en condiciones de igualdad, y en la que se eliminen las brechas de clase en el acceso a programas y políticas públicas, y de ciudadanía dada la diferencia entre la formulación de derechos y la apropiación subjetiva.

La promoción y el fortalecimiento requieren una mirada profunda y un análisis crítico sobre las relaciones de poder, las normas sociales que condicionan la sexualidad y los escenarios en los cuales la deliberación pública se hace efectiva o se espera que se produzca. Es indudable que en nuestro país, desde 1983 a la fecha, los derechos sexuales y reproductivos ocupan cada vez más un lugar en las agendas de interés de la opinión pública y de los medios de comunicación, y que la voz de los actores y actoras que en ese debate bregan por la autodeterminación sexual y reproductiva no deja de hacerse oír y, también, de ser escuchada.

Dedico el párrafo final a expresar mi agradecimiento a instituciones y personas. En primer lugar a la Universidad de Buenos Aires, por el apoyo a través de la Programación Científica UBACyT 2008-2010. En segundo término, a los y las integrantes del equipo del proyecto por la colaboración brindada desde distintos lugares y etapas de la investigación. Un reconocimiento muy especial es para Mario Pecheny, permanente interlocutor sobre teoría, política e investigación en este campo. Otro agradecimiento especial es para Silvina Ramos y Mariana Romero, con quienes compartí la creación de una línea de investigación sobre el estado de la opinión pública sobre derechos sexuales y reproductivos en el Centro de Estudios de Estado y Sociedad (CEDES) y comparto un diálogo académico y político sobre el diseño de los estudios, el análisis y la interpretación de los datos. Finalmente quisiera agradecer a Editorial Teseo, especialmente a Josefina Heine por el apoyo a la publicación desde las conversaciones iniciales.

M. P.

PARTE I
ENTRAMADOS TEÓRICOS Y POLÍTICOS

La democracia y la condición ciudadana atraviesan la sociedad contemporánea. El ejercicio de una sexualidad informada, libre y segura es un derecho; cuando ello no ocurre o bien para que ocurra mejor, los derechos humanos son piezas valiosas para reclamar al Estado la obligación de garantizar, promover, proteger y respetar ese derecho. Además de facilitar la demanda en lo público, los derechos humanos aseguran una sexualidad informada, libre y segura en el ámbito privado.

La reflexión teórica sobre lo privado y lo público, y precisamente sobre qué y/o quiénes pueden o no ser legítimamente debatidos y tomar la palabra en el espacio público político, es uno de los entramados en los que sostenemos la aproximación a ese espacio en el caso de los derechos sexuales, reproductivos y no reproductivos. Josefina Brown (re)construye la trama de significados y sentidos atribuidos a esa dialéctica relación. Parte del supuesto de que los reclamos de los grupos oprimidos, junto a los cambios culturales, económicos, políticos, sociales y tecnológicos, fueron moviendo las fronteras entre lo público y lo privado, redefinieron mutuamente los conceptos y permitieron, aun con restricciones, que la sexualidad y las sexualidades comenzaran a ser un objeto de debate público y político en América Latina. En ese recorrido la autora recupera el concepto de derechos sexuales, reproductivos y no reproductivos que acuñó en 2002 para sintetizar, en la misma notación, lo relativo a todos los eventos de un embarazo y parto seguros y también la anticoncepción y el aborto (derechos reproductivos y no reproductivos respectivamente). Finalmente Brown discute alternativas que de ninguna manera cierra, más bien propone continuar explorando, para que la tríada cuerpo-sexo-reproducción y los sujetos y las *sujetas* históricamente excluidos y excluidas sean considerados y consideradas asuntos legítimos de demanda en el espacio público político.

El otro entramado que sostiene esta aproximación y que hace posible (o no) la ciudadanía sexual es el que conecta el debate, la acción política, la sanción de leyes, la formulación de políticas públicas y la jurisprudencia que sobre derechos sexuales, reproductivos y no reproductivos se desplegó en el contexto histórico, institucional, político y social de nuestro país. Mónica Petracci inicia con un reconocimiento doble: a la profusa bibliografía sobre el tema escrita desde 1983 y a la viabilidad que la vigencia de la democracia dio a este debate. A continuación desarrolla el recorrido y la situación actual de los cuatro temas abordados en este libro: VIH/sida, anticoncepción de emergencia, fertilización asistida y aborto. Si bien la autora destaca los logros, plantea también un cierre provisorio frente a lo que aún resta por hacer en el debate entre concepciones restrictivas, ligadas a los sectores conservadores y a la Iglesia Católica, y concepciones que defienden la libre elección corporal, sexual y reproductiva como derecho humano básico.

Estas dos tramas, desde las que colocamos los derechos sexuales, reproductivos y no reproductivos en perspectiva de análisis en la Argentina contemporánea, contribuyen también para pensar nuestra posición geopolítica sureña. La mirada sobre el pasado reciente nos permitió localizar puntos de fuga y oportunidades del devenir histórico respecto de las demandas (y conquistas) de ciudadanía sexual a la luz de la teoría y política actuales, al tiempo que interrogarnos sobre sus formas posibles de articulación y reconceptualización, teniendo la ampliación de la ciudadanía sexual como horizonte.

J.L.B. y M.P.

Derechos (no) reproductivos y sexuales en los bordes entre lo público y lo privado. Algunos nudos del debate en torno a la democratización de la sexualidad

Josefina Leonor Brown

Aperturas

En este artículo analizo la significación históricamente atribuida al espacio público (y privado) en relación, particularmente, con la ciudadanía y las mujeres (Brown, 2008). Parto del supuesto de que existe un punto estratégico que establece *status* de ciudadanía o modos de pertenencia diferenciales de las *sujetas* y los sujetos en el espacio público y privado y una línea de demarcación entre ambos. Ese punto estratégico del cual derivan consecuencias políticas está anclado al cuerpo y a la sexualidad. En el caso de las mujeres, lo es a partir de su singular conformación anatómica y de su posibilidad de procrear. La capacidad de reproducir la especie, un atributo no elegido por las mujeres, ha sido la causa de su reclusión en el espacio doméstico como ámbito de privación, no como espacio de intimidad y recogimiento como suele argumentarse desde la tradición liberal (Murillo, 1996: XVII-XXIV).

Sin embargo, esa versión liberal de la democracia y la ciudadanía, organizada sobre la base de una distinción tajante entre público y privado, ha sido criticada desde los inicios por el feminismo. La demanda "lo personal es político" de mediados del siglo veinte, retraducida en la exigencia actual por los derechos sexuales y reproductivos, puso en cuestión la distinción público/privado (Brown, 2007).

En lo que sigue voy a condensar cómo esos reclamos de grupos oprimidos[1] y los cambios sociales, culturales, económicos, tecnológicos y políticos fueron moviendo las fronteras entre lo público y lo privado y redefiniendo lo que por ello se ha entendido en diversos momentos históricos. Esto ha permitido que aun con diferentes restricciones y límites de acuerdo a los contextos, las sexualidades comiencen a ser objeto de debate público y político en la Argentina en particular y en Latinoamérica en general.

Finalmente, discutiré algunas posibilidades sobre las cuales sería venturoso seguir explorando en relación con esa gran división, para que las mujeres, en este caso, sean consideradas actoras legítimas en el espacio público político y para que sus demandas merezcan ser consideradas y debatidas en el espacio público político como asunto de mayor interés para la sociedad, y no como temas personales, subjetivos, particulares y no relevantes en el ágora política.

En función de ese objetivo, una vez delimitada la esfera pública en términos discursivos, como lo propusiera Habermas (1986), me detengo en las críticas feministas y marxistas de Fraser (1992), al tiempo que exploro algunas alternativas desde una perspectiva feminista, a partir de las propuestas de Benhabib (2006 [1992]) y las observaciones de Arendt (2003 [1982]) sobre la política.

Público y privado: presentación panorámica

La noción de espacio público ha sido históricamente objeto de polémicas, así como lo ha sido su contraparte, la

---

[1]   De acuerdo a la definición de Young (1996), un grupo oprimido es aquel que se encuentra en condiciones de injusticia social. Así, tomo como sinónimos a lo largo del texto la situación de oprimido con grupos o personas en condición de subordinación.

de espacio privado. Público puede remitir a diversas cosas con diferentes cualidades. Es público lo que se realiza en el espacio tradicionalmente definido como tal, en contraposición con el espacio privado familiar. Son públicos aquellos asuntos relacionados con el Estado y con las acciones que tienen que ver con cuestiones generales y sociales. Y en ese sentido, público también se liga con político, con aquello que no depende de decisiones individuales, íntimas o privadas sino de asuntos de interés colectivo.

El ámbito público distintivo de las democracias representativas es, precisamente, el congreso. También los medios de comunicación masivos forman parte de un público que tiene como función ser crítico o controlador del poder público estatal. Asimismo podrían formar parte de la opinión pública las encuestas y los sondeos de opinión y/o aquellas cuestiones que se debaten en ámbitos colectivos pertenecientes a la sociedad civil (como diferente del Estado). Aunque estas últimas, de acuerdo con la mirada y la posición teórico-política de interpretación, también podrían pensarse como privadas.

Diversos autores y autoras se han ocupado de la distinción público/privado y su caracterización y, como la caracterización de una implica la otra arista del binomio, aquí me ocuparé fundamentalmente de la primera de ellas. Bobbio (2004 [1985]), por ejemplo, aborda el asunto desde una perspectiva filosófica-política y circunscribe su significación tal como ésta cristalizó en la tradición liberal en el Siglo de las Luces. La noción de espacio público presentada por Arendt (2005 [1958]), por el contrario, vendría a dar cuenta del sentido que adquiere lo público dentro de la tradición republicana. Si para la tradición liberal el espacio de lo propiamente humano, donde las personas (varones, en principio) se realizan más plenamente, es el ámbito privado, para la republicana, por el contrario, el espacio público es la esfera donde los hombres son realmente humanos.

Una tradición liberal tiende a ser una teoría de la primacía de lo privado sobre lo público. En cambio, la primacía de lo público equivaldría a la contraposición del interés colectivo al interés individual, y a la necesaria subordinación, hasta la eventual supresión, del segundo al primero; además a una irreductibilidad del bien común en la suma de los bienes individuales (Bobbio, 2004). Esta última postura es la asumida desde las posiciones republicanas o comunitaristas. Y estas dos acepciones –la liberal ligada a la primacía de lo privado/individual o la republicana asociada a la idea de lo social/colectivo– estaban presentes en los inicios de la modernidad política, con sus dos principales representantes: Kant y Hegel (Bobbio, 2004); desde entonces, la polémica no cesa de aparecer.

Entre esas dos posiciones ha oscilado la polémica, que ha incluido, como uno de sus ítems centrales, la discusión de la sexualidad y de cómo el asunto ha sido considerado a lo largo de la historia. Es decir, vista desde una perspectiva liberal, la sexualidad –incluida la reproducción o no de la especie– pertenece al ámbito íntimo y privado. Para una perspectiva de tradición republicana –y particularmente en su versión comunitarista– éste es un asunto que pertenece a aquellos que se dirimen en el ámbito público mediante la aplicación de políticas sexuales (leyes de matrimonio, de divorcio, de adopción, de concubinato, de códigos de convivencia, etc.) y, sobre todo, de políticas demográficas concretas.

Más allá de esta rápida clasificación conceptual analítica, la cuestión de la sexualidad y la procreación –eso que hoy llamamos derechos (no) reproductivos y sexuales–[2] ha

---

[2]   Acuñé la noción en 2002 con el objeto de sintetizar en la misma notación lo que esos derechos contienen; es decir, los derechos relativos a todos

sido sumamente difícil de encasillar a un lado u otro de esa línea divisoria imaginaria, porque es, como he sostenido en otro trabajo (Brown, 2007), precisamente aquello que opera como bisagra entre los dos espacios. Sin embargo, como la visión que ha primado sobre el particular –desde la instauración de los regímenes políticos modernos– se liga con el discurso más cercano a la tradición liberal, el sentido común dominante ha hecho ver la sexualidad y la procreación como un asunto íntimo y privado sobre el que no cabía regulación estatal alguna. Sabemos ya desde hace tiempo –y Foucault (2003 [1984]) lo teorizó con precisión– que aun cuando no hubiera regulaciones explícitas, eso no significa de ninguna manera que el poder no esté allí, operando: más aun cuando lo hace, no funciona bajo el manto de la represión, sino de la producción de los modos legítimos de gozar la sexualidad y de reproducir o no. No obstante, la consideración de la cuestión dentro del orden de lo privado impidió u obstaculizó, durante largo tiempo, su debate público y político, así como también significó la exclusión de las mujeres en tanto representantes de la diferencia sexual.

Algunas nociones básicas

Bobbio da una pista interesante para pensar la dicotomía público/privado al decir que esta división ha operado en el pensamiento político de manera exhaustiva y excluyente; es decir, un tema, un sujeto y una *sujeta*, pertenecen al dominio público o al privado (Bobbio, 2004 [1985]). En relación con la sexualidad, resultó que, o bien se la recluía

---

los eventos con un embarazo y parto seguros y también los derechos a la anticoncepción y al aborto (derechos reproductivos y no reproductivos, respectivamente).

en el espacio privado, sujeta a arreglos particulares (desde una tradición más liberal), o bien se imponía y promovía un modo legítimo de sexualidad y reproducción –e identidad sexual– a partir de la intervención activa del Estado (desde cierta tradición republicana-comunitarista).

Si se mira el derecho bajo esa lente dicotómica, resulta que al derecho público le corresponde la ley, y el derecho privado se rige bajo la fórmula de un contrato (privado) (Bobbio, 2004 [1985]). El contrato rige los acuerdos entre particulares, mientras que la ley rige los acuerdos comunes y generales sujetos a coacción estatal. La ley se detiene ante la puerta de la casa. De las puertas para adentro, bajo el contrato matrimonial, quien media entre la casa y la plaza –por así decir– es el varón jefe de familia. En efecto, "Al ser el derecho un ordenamiento de relaciones sociales, la gran dicotomía público/privado se duplica primeramente en la distinción de dos tipos de relaciones sociales: entre iguales y entre desiguales", entre varones públicos y mujeres privadas (y también, otros sujetos y otras *sujetas* o grupos oprimidos) (Bobbio, 2004 [1985]:15).

Dicho de otra manera, el contrato matrimonial como acuerdo entre particulares es lo que opera como marco regulatorio de la sexualidad en la alcoba del hogar, el espacio destinado a la sexualidad genital reproductiva entre un varón y una mujer heterosexuales (al menos en términos hegemónicos sigue vigente a pesar de la sanción del matrimonio igualitario).[3] Pero ese contrato matrimonial –que Pateman (1995) denomina el contrato sexual, basamento del orden social patriarcal–, es un contrato de sujeción para las mujeres. Mediante el libre consentimiento supuesto en el contrato, se sustrae a las mujeres del ámbito público y se

---

[3]   El matrimonio entre personas del mismo sexo, conocido como "matrimonio igualitario", fue sancionado en la Argentina el 15 de julio de 2010 bajo la Ley 26618.

las recluye en el privado, al mismo tiempo que se produce la operación sutil de apropiación del cuerpo de las mujeres, de su sexualidad y de su capacidad reproductiva.

De allí que parezca, si se mira desde una perspectiva más liberal, que el Estado no interviene regulando sobre la sexualidad y la procreación. Se dirá que ésos son asuntos íntimos y que, como en todo aquello considerado como diferencia o particularidad, mientras no traspase el límite de lo privado para ingresar en el mundo público, de lo general y lo universal, hay completa libertad. Pero si aparece públicamente un modo diferente de ejercer la sexualidad –ya sea por no cumplir con el mandato de la heterosexualidad o con el de la reproducción–, entonces se harán visibles muchos de los dispositivos de poder tendientes a producir modos legítimos y hegemónicos de sexualidad(es). Éstos darán lugar a sanciones morales o penales, implícitas o explícitas. Y, al mismo tiempo, estarán validándose formas de violencia sexual (como las violaciones maritales, por ejemplo) que ocurren en el ámbito íntimo y privado.

Arendt y el espacio público. Una definición clásica

La perspectiva de Arendt sobre la mencionada dicotomía es parcialmente distinta. Por un lado, parte del análisis de lo público como aquella luz que se proyecta sobre los seres humanos y los dota de existencia. Si no hay otros y otras ante cuya mirada aparezcamos y nos tornemos visibles por medio de la acción y la palabra, desaparecemos en tanto sujetos o *sujetas* (Arendt, 2005 [1958]). Por otro lado, le atribuye a lo público otro sentido en *La Condición Humana*: aquel que se identifica con el mundo, como lo que nos es común a todos, y que se distingue del lugar que poseemos privadamente en él. Este mundo no implica un límite sino más bien designa ese espacio entre los hombres, "el mundo, como todo lo que está en medio, une y separa a los hombres al mismo tiempo" (Arendt, 2005 [1958]: 62).

Así como está ese espacio público –en el que "todo lo que aparece en público puede verlo y oírlo todo el mundo" (Arendt, 2005 [1958]: 59)–, también está su contraparte en aquellas experiencias que son las más comunes y compartidas como especie, en lo que hace a nuestra, por así decir, experiencia humana particular, como el dolor o el amor, pero que no es posible que aparezcan o sean iluminadas en el espacio público. Esas experiencias son apolíticas por definición para Arendt. Porque las experiencias que "no pueden soportar la implacable, brillante luz de la constante presencia de otros en la escena pública", están protegidas en los límites de lo privado (Arendt, 2005 [1958]: 60). De allí podría entenderse que no todo lo privado puede ser puesto bajo discusión pública, que siempre hay un ámbito de intimidad que es necesario preservar de la mirada de los otros y las otras; aunque siempre es discutible qué es aquello que alguien quisiera mantener por fuera de la mirada de los otros y las otras.

Así como la vida en común carece de trascendencia y se transforma en pura inmediatez sin la presencia y sin la mirada de los otros y las otras, así también, sin un espacio privado e íntimo, la vida se torna intolerable. Es preciso recordar, sin embargo, que en la actualidad el ámbito privado adquiere diversas significaciones. Porque la esfera privada significa privación, en el sentido de que quien transcurre completamente en privado carece de "una 'objetiva' relación con los otros, que proviene de hallarse relacionado y separado de ellos a través del intermediario de un mundo público común de cosas, estar privado de realizar algo más permanente que la propia vida" (Arendt 2005[1958]:67). Ésa fue la situación de mujeres y esclavos y esclavas, cuya privación y reclusión privada habilitó la existencia de aquel espacio público, el de los iguales, donde reinaba la libertad porque las personas no estaban atadas, como ocurría en el espacio privado, por la necesidad. Pero si ése era el sentido en la Grecia clásica, con la modernidad pronto se fue revelando que el espacio privado también podía ser un espacio de recogimiento, aquel espacio donde estar protegido de los demás. Esa distinción, sin embargo, opera selectivamente sobre varones y mujeres. Mientras que para los primeros tiene el sentido positivo del recogimiento y del cultivo de la vida personal e individual al margen de las obligaciones públicas, para las segundas siguió siendo un lugar de privación y domesticidad, el espacio en el cual se entregan a los otros y es por ellos por los que se vive (Habermas, 1986 [1962]; Murillo, 1996; Arendt, 2005 [1958]).

Más aun –y es algo que no ha variado tanto como quisiéramos en ese modelo que sigue Arendt–, la esfera pública para los antiguos era el ámbito de la libertad, el lugar de la política. La familia, soporte básico de ese ámbito de libertad, era el espacio de la necesidad, "un fenómeno prepolítico, característico de la organización doméstica privada" y "la fuerza y la violencia se justifican en esta esfera porque son los únicos medios para dominar la necesidad –por ejemplo, gobernando a los esclavos o las mujeres– y llegar a ser libre" (Arendt, 2005 [1958]: 43-44).

Pero la distinción del mundo antiguo entre igualdad (mundo público) y desigualdad (mundo privado) no pudo trasladarse al mundo moderno, en el que se destronaron las desigualdades naturales como fuente de privilegios y se instituyó la igualdad jurídica (Bobbio, 2004; Arendt, 2005 [1958]). De modo que fue el contrato matrimonial lo que transformó la coerción en "libre aceptación" (Pateman, 1995: 221-250), y sobre eso insiste Fraisse (1991) cuando señala que es necesario obtener el consenso activo de la mujer (de la dominada) para que genere una esposa, pues la violencia daría lugar a una esclava.

La lectura de Habermas del espacio público discursivo como puntapié inicial

De acuerdo con Habermas, la mítica plaza griega dio lugar, en tiempos de la modernidad, al público lector de la prensa, medio que usaba el Estado para informar y publicitar sus asuntos y por medio del cual la burguesía conocía y discutía los asuntos de la comunidad.

Siguiendo el desarrollo sociohistórico, la línea de demarcación entre lo público y lo privado ha sido ambigua. Y al igual que ese espacio social apuntado por Arendt, los salones, dentro de las casas, pasaron a formar una suerte de bisagra entre lo público y lo privado (lo íntimo, aquello que no puede ser visto u oído por todos y todas): ese espacio estaba demarcado por el sitio donde se realizaban las tertulias y se discutían los asuntos públicos entre personas privadas (Habermas, 1986). En consonancia con Arendt, ese lugar era un ámbito no estatal que actuaba como contrapeso, como contralor frente a la obligación de los Estados de publicitar sus actos de gobierno. Como se ve, además de la generalidad, la accesibilidad es para Habermas una característica distintiva del espacio público (1986).

El espacio público como un espacio discursivo, abierto y plural

La esfera pública

Designa un escenario en las sociedades modernas en el cual la participación política se realiza por medio del diálogo. Es el espacio donde los ciudadanos y las ciudadanas piensan y examinan sus asuntos comunes y por lo tanto es un escenario institucionalizado de interacción discursiva. Este escenario es conceptualmente distinto del Estado; es un sitio para la producción y circulación de discursos que en principio pueden ser críticos del Estado. La esfera pública en el sentido de Habermas es también distinta conceptualmente de la economía oficial; no es un escenario de relaciones de mercado sino uno de relaciones discursivas, un escenario para el debate y la deliberación, y no para la compra y la venta. Entonces este concepto de la esfera pública nos permite enfocar las distinciones entre aparatos del Estado, mercados económicos y asociaciones democráticas (Fraser, 1997).

Esta esfera es tan importante para Habermas como lo es para Arendt (2003), quien busca recuperar, precisamente, el espacio propio de la política, el espacio público destinado al diálogo y la posibilidad de acceder a mínimos acuerdos intersubjetivos que permitan una convivencia pacífica entre las personas. De allí que esta autora pretenda reivindicar lo público propiamente dicho, el "espacio entre" donde los seres humanos, ciudadanos o ciudadanas, ejercerían la función de contralor y contrapeso de la esfera público-estatal.

Ésa parece ser la apuesta: recuperar y revitalizar el ámbito de lo público, el espacio en el cual los espectadores y las espectadoras (aquellos seres humanos no involucrados en la acción) pudieran juzgar, discriminar, distinguir los sucesos acontecidos (las representaciones que ofrecen los actores) en un ámbito desinteresado y abierto a la participación, a la deliberación y al examen libre de las opiniones del público. El juicio estético kantiano[4] abre,

---

[4]   El juicio estético trabajado por Kant en la *Crítica del Juicio* le permite a Arendt (2003) elaborar su teoría política, pues aquí el filósofo se dedica al análisis de los seres humanos concretos y su necesidad de interdependencia, dos cosas imprescindibles en la teoría política de Arendt. Justamente por eso toma la idea del juicio estético, que ya no es ni una verdad (correspondiente a los juicios determinantes del mundo gnoseológico) ni una máxima moral, un deber ser (correspondiente a la

para Arendt, la posibilidad de pensar –al menos en el plano teórico– una esfera política en la cual sea posible la deliberación, la participación, la representación y el diálogo, el disenso –pero sobre todo, el consenso– y los acuerdos entre ciudadanos y ciudadanas libres e iguales, desinteresados e imparciales. Para ello hace falta, en términos de Arendt, que el espacio público esté vinculado a un sitio concreto, a una ciudad, al Estado Nación, a la comunidad jurídicamente organizada pero no que todos y todas estén presentes al mismo momento para debatir (Arendt, 2003; Taylor, 1995; Benhabib, 2006b).

> Cada ley crea antes que nada un espacio en el que entra en vigor y este espacio es el mundo en el que podemos movernos en libertad. Lo que queda fuera de él no tiene ley y, hablando con exactitud, no tiene mundo; en el sentido de la convivencia humana, es un desierto. (Arendt, 1997: 129)

Si bien es cierto que las leyes no garantizan la igualdad entre las personas, sí limitan y resguardan el espacio en que esa igualdad –la de la facultad de la razón, retomando a Kant– es posible. El marco regulatorio acota el ámbito dentro del cual los seres humanos pueden moverse en libertad; vale decir, el espacio dentro del cual las personas son ciudadanas: activas, críticas y participativas pero respetuosas de las reglas de juego imperantes.

---

razón práctica). El juicio estético es una opinión que, siendo subjetiva, siempre tiene pretensiones de alcanzar validez universal toda vez que procura la comunicación, y, para Arendt, la política y lo político tienen que ver con eso: con un espacio en común –el espacio entre–, con la posibilidad de comunicación y con las opiniones, ya que no se trata en política ni de la verdad con mayúscula ni de las reglas morales, sino de verdades conjeturales pasibles de alcanzar validez universal (Brown, 2007 b).

La crítica feminista: Fraser

Charles Taylor retoma críticamente el análisis de Habermas sobre el espacio público burgués a partir del concepto de "sociedad civil". Existe "sociedad civil", dice, cuando más allá de las múltiples asociaciones, "la sociedad puede operar en su conjunto fuera del ámbito del Estado" (Taylor, 1995). Dos formas de sociedad civil, en este sentido fuerte, conoce el Occidente liberal: el mercado y el espacio público, adelantando una distinción que también enfatizará Fraser (1992).

Sin embargo, no hay ni ha habido sólo un público o una sola esfera pública. Siempre han existido contra-públicos que "contestaron las normas excluyentes del público burgués y elaboraron otros estilos de comportamiento político y normas alternativas de discurso público" (Fraser, 1992). De modo que Fraser va a criticar la concepción habermasiana de la esfera pública en cuatro sentidos: 1) una concepción adecuada del espacio público no puede eliminar las desigualdades sociales y ponerlas entre paréntesis, pues la igualdad social es una condición necesaria para una paridad de participación en las esferas públicas; 2) no se puede hablar de un espacio público, sino de una pluralidad de espacios públicos; 3) la exclusión de ciertos temas del espacio público no es admisible; no siempre es bueno ni deseable que sólo se discuta de asuntos generales excluyendo a los intereses particulares y privados; 4) debe discutirse la idea de que sea necesario distinguir –y no vincular– sociedad civil y Estado. Para Fraser, una verdadera teoría crítica de la democracia debe, además, hacer visible: 5) el modo en que las desigualdades sociales contaminan la deliberación; 6) cómo las desigualdades afectan las relaciones entre los distintos espacios públicos; 7) cómo la definición de algunos temas como privados limita la deliberación; 8) cómo el carácter demasiado débil de algunos espacios públicos anula la fuerza práctica de la opinión pública (Fraser, 1997).

Concretamente, en cuanto a las cuestiones ligadas a mujeres y sexualidades, la propuesta de Fraser resulta interesante pues el espacio público ha sido históricamente pensado como un espacio masculino y burgués. De manera que, aun cuando se incluyan o lograran incluirse otros grupos oprimidos al debate, el sentido común hegemónico del diálogo desprecia esas diferencias y exige –a menos que se lo cuestione– que se discuta bajo sus normas y sus temas. Si como dijimos, no sólo las mujeres sino también las sexualidades fueron relegadas al espacio privado (discrecional, arbitrario, sin ley jurídica que ampare), es preciso criticar ese criterio de debate para que otros temas puedan ser incluidos. Y ello significa a su vez, que los grupos oprimidos, los contrapúblicos, deben lograr espacios de escucha y deliberación equitativos con los públicos dominantes.

Sobre esas críticas que dan un giro certero para los grupos subordinados –en este caso, mujeres y feministas–, Benhabib suma el elemento procedimental que resulta enriquecedor de esta propuesta.

Benhabib y la ética comunicativa

Benhabib (2006 [1992]) parte del análisis de tres modelos de espacio público que ella sintetiza así: el modelo agonístico, el modelo liberal y el dialógico. Su propio modelo se basa, en buena medida, en los de Habermas y Taylor, incorporando las críticas de Fraser. En contraposición a la idea de fijar una agenda o de delimitar de alguna manera las esferas públicas o privadas, Benhabib argumenta

a favor de un modelo radicalmente procedimental de la esfera pública, cuyo alcance y temática no pueden ser limitados *a priori* y cuyas directrices pueden ser redefinidas por los participantes en el diálogo. Aquí mi modelo es el concepto de Habermas de una esfera pública que corporice los principios de una ética discursiva. (Benhabib, 2006 [1992]: 25)

Para esta autora, el espacio público no sólo es el lugar donde los asuntos aparecen para todos y todas y cobran visibilidad, sino también el lugar donde se discuten su legitimidad y legalidad en términos de derecho. De allí la importancia de cómo esté construido o constituido ese espacio público y de quiénes formen parte del mismo. Para el caso de los derechos (no) reproductivos y sexuales, si el espacio público guarda en relación con lo privado una división que es exhaustiva y excluyente como el modelo liberal básico descripto por Bobbio, no hay lugar para redefiniciones. La sexualidad, junto con las mujeres, parece recluida en el espacio privado y doméstico, y lo masculino, abstracto y político, en el espacio público. De allí que fuera necesario un movimiento político que discutiera y redefiniera lo político y el sentido mismo de la política para que los asuntos vinculados con el cuerpo, la sexualidad y la fecundidad de las mujeres se consideraran un tema relevante a ser discutido en el espacio público y político. Eso es lo que el movimiento de mujeres y feministas producen sobre todo desde mediados del siglo XX, en consonancia con otros movimientos políticos, al poner en debate en el espacio público la cuestión de la sexualidad y la reproducción (o no) bajo el lema "lo personal es político". Y con ello se cuestiona el modelo tradicional de política basado fundamentalmente en la divisoria público/privado y en un sujeto político racional, objetivo y universal ocupante del espacio definido y marcado como político.

Es decir, el espacio público sería el ámbito donde se construye no sólo el contenido del derecho sino la idea de legalidad misma; donde se discute qué derechos, con qué amplitud, para quiénes, pero también si ese derecho es justo. Por eso, Benhabib (2006 [1992]) recoge de Rawls y Habermas la idea procedimental de constitución del derecho. Y apunta a poner el énfasis, más que en la justicia del resultado final, en el proceso que llevó a la delimitación de un determinado derecho. Recoge también la crítica de Fraser –que retoma, a su vez, tanto los cuestionamientos marxistas como feministas–, y enfatiza la idea de los múltiples públicos presentes, de la necesidad y utilidad de la existencia de diversos lugares y ámbitos de debate públicos, debido a cómo se traduce el ejercicio del poder en las prácticas discursivas.

La idea de espacios públicos discursivos, de múltiples espacios ocupados por múltiples sujetos y *sujetas* que se constituyen y se redefinen en esas deliberaciones, y la comprensión de la metodología de arribar a consensos siempre provisorios, siempre revisables, le permite a Benhabib (2006a [1992]) enfocar la atención más en el proceso que en el resultado y abogar por procedimientos justos, en el marco de unas reglas claras pero cuestionables. Es posible, en opinión de esta autora, poner en cuestión las reglas mismas acerca de cómo se construye el derecho, en el sentido de que en el proceso de su edificación pueden también ponerse entre paréntesis las normas que rigen el juego, pero no suprimirse, pues eso acabaría con el juego. El hincapié en el procedimiento permite, además, que voces particulares sean tenidas en cuenta y que las diferencias puedan ser consideradas en una decisión que, hasta tanto no vuelva a ser objeto de discusión pública, regulará las relaciones sociales.

De allí que el hecho de poder cuestionar no sólo el resultado sino el proceso, hace de ese juego, para los sujetos y las *sujetas* pertenecientes a grupos oprimidos, un tipo de juego más atractivo que aquel modelo monológico, universal-legalista, propio de la modernidad ilustrada, de un derecho construido sobre la imagen de un individuo aislado, que sin considerar a los demás, instituye mediante una ley general una norma universal que ha de regir para todos y todas. Hemos visto que esta norma siempre parte de una operación ideológica que transforma el particular hegemónico en universal.

La posibilidad de criticar el proceso de deliberación no es anecdótica, y sería sumamente fructífero para los oprimidos y las oprimidas, pues no es sólo en la ley donde se generan mecanismos de inclusión-exclusión para determinados grupos de personas, sino en al menos otros dos recorridos. El primero sería el proceso de construcción de la legalidad, que sigue las reglas impuestas por los sectores hegemónicos –y, en general, restringe la participación de los oprimidos–; el segundo, la aplicación de esa ley que niega, silencia o invisibiliza las posiciones, opiniones y visiones de esos mismos grupos y que en general es producido por parte de sujetos o *sujetas* inscriptos e inscriptas o imbuidose imbuidas de ese sentido común hegemónico. En el caso de los derechos (no) reproductivos y sexuales, el hecho de poder revisar procedimentalmente el espacio público discursivo incluiría, entre otras cosas, la posibilidad de incluir a los sujetos y las *sujetas* con identidades sexuales o formas de erotismo diferentes a las hegemónicas, para que fueran escuchados y escuchadas y considerados y consideradas no sólo en el proceso, sino también en la ejecución de una determinada legalidad, mediante la constitución, por ejemplo, de un jurado *ad hoc* compuesto por estas mismas personas, que pudiera expresar sus opiniones y fundamentaciones antes de dictar una sentencia, abriendo el abanico posible de interpretaciones que toda ley posee.

Benhabib (2006a [1992]) está muy interesada en un proceso dialógico, en ese espacio público construido no ya con límites precisos y funciones delimitadas, como en el caso de Arendt y el modelo agonístico o en el liberal –con esferas exhaustivas y excluyentes–. El interés de Benhabib apunta más bien a un espacio construido a partir del diálogo con participantes situados a la par, en el cual lo que prime no sean los recursos, la posición, sino la potencialidad de la argumentación en juego. Es claro que Habermas (1986) está pensado en un público hegemónico burgués, al que Fraser contrapone la idea de una pluralidad de públicos en los que también participan proletarios, proletarias y otras mujeres, con el objetivo de incidir en el espacio público central.

Teniendo en cuenta ambas posiciones, Benhabib (2006 [1992]) apunta también al modo en que se construyen o son modelados los diálogos, o más bien, qué clase de sujetos o *sujetas* son esos y esas que participan en los debates públicos. Es importante para esta autora, asimismo, el hecho de que no sea preciso que esos sujetos y *sujetas*, para llegar a acuerdos generales respecto de los límites entre lo permitido y lo prohibido, estén reunidos físicamente. De allí entonces el doble uso de la interpretación arendtiana del juicio estético kantiano como juicio político; es decir, como opinión que implica por el proceso mismo de construcción y por sus fines, la comunicabilidad (y por ende presupone a los otros y las otras en el proceso de pensar que, para Kant, nunca es un asunto solitario aunque no requiera la presencia física de los otros y las otras) por un lado; y, por eso mismo también ligado a la pretensión de universalidad de un juicio que en tanto opinión (estética o política) parte de lo más subjetivo de la persona.

Sin embargo, no hay ni ha habido sólo un público o una sola esfera pública. En cierta consonancia con el desarrollo previo de Benhabib, retomo aquí el pensamiento de Arendt, que incursiona sobre la idea de que la política no sea –como se ha tendido a pensar– el lugar de lo universal y de las leyes, sino un espacio en el que tienen lugar las particularidades y singularidades y donde no rigen las leyes sino las opiniones. Eso no quiere decir, sin embargo, que sea el ámbito de los privilegios, sino más bien, de acuerdos suficientemente generales para que no revistan carácter de privado, pero no falsamente universales en el sentido científico.

Para el caso particular de la sexualidad, el planteo resulta muy interesante pues se trata, en muchos casos, de exigir derechos "universales" partiendo de experiencias que pueden ser muy singulares. Arendt sostendrá que es en la *Crítica del Juicio* publicada originalmente en 1876 como la última de sus tres críticas, la obra que Kant dedica no ya al hombre como ser abstracto y genérico y tampoco a la Humanidad, sino a los seres humanos tal como viven en sociedad, donde el filósofo expone su teoría política (asunto que tradicionalmente ha sido leído en otras obras del autor). Es también en esa obra que Kant ya no hablará ni de conocimiento ni de moral. No habrá lugar ni para los juicios determinantes ni para los imperativos categóricos. En el caso del gusto (o de la política, dirá Arendt) se trata de juicios reflexionantes. Son éstos los juicios estéticos: aquellos que establecen una específica relación entre lo particular y lo universal, de modo tal que lo particular no puede deducirse de un universal (como en la moral), ni tampoco es posible deducir universales a partir de casos particulares (como en el conocimiento). Esa específica relación que caracteriza a los juicios de gusto (o estéticos) es la que, para Arendt, opera también en política. Al igual que en el campo estético, en el político lo característico es la existencia de juicios particulares, que tienen, sin embargo, pretensión de validez universal. Es ésta, a mi juicio, la característica central de los derechos ligados a la sexualidad y al erotismo, o lo que, con justeza, algunos han señalado como la idea de una justicia erótica[5] (Pecheny, 2009; García y Parker, 2006; Parker, Petchesky y Stember, 2008).

---

[5]   De acuerdo con Côrrea *et al.* (2008), la justicia erótica implicaría nociones como las de placer, autoerotización y deleite, asuntos contemplados pero

Pretensión de validez universal significa allí juicios –estéticos o políticos– realizados por individuos o *individuas* particulares con la intuición y el convencimiento de que deberían ser compartidos por todos y todas. La posibilidad de lograr esa universalidad depende de una de las operaciones presentes en los juicios reflexionantes: la facultad de pensar. Recordemos que para Kant pensar no es un asunto solitario. El pensar puede ser hecho en soledad y aislamiento total, pero de todos modos siempre supone la existencia de otros y otras. Lo importante aquí es la facultad de la imaginación. A través de ella, los otros y las otras se hacen presentes. El sujeto o la *sujeta* que piensa se los re-presenta (los imagina) con sus puntos de vista, que son cotejados y contrastados con el propio. No se trata de mera empatía, ni de reemplazar el punto de vista propio por el ajeno. Eso no sería más que reemplazar un prejuicio por otro. Y el juzgar supone un pensamiento crítico que sea capaz de poner en duda, de someter a examen, también, su propio juicio. El pensar extensivo o con "mentalidad amplia" implica pensar por una misma (uno mismo) pero sentir en común. Así, el juicio del gusto kantiano haría posible el diálogo intersubjetivo, merced a la capacidad de la imaginación que, por vía de esquemas, transforma ese sentimiento o esa opinión meramente subjetiva y privada en un juicio con pretensiones de universalidad y, correlativamente, de comunicabilidad. Téngase en mente aquí que no se trata de universalidad sino de comunicabilidad. Se pretende que, a partir de una experiencia singular, pueda lograrse un nivel de generalidad tal que, aunque no sea universal en sentido estricto, pueda ser comunicable y comprendido por el universo en cuestión.

En ese contraste, ese poner a prueba en la imaginación el punto de vista propio y tratar de encontrar, no la

---

invisibilizados en la connotación de "derechos sexuales y reproductivos".

verdad irrefutable sino una opinión, reside la imparcialidad. Recordemos que una opinión significa aquí un universal siempre sujeto a ser cotejado; opinión como resultado del pensar extensivo que, por ende, sea comunicable. Es decir, una opinión que considere la particularidad sobre la cual se emite el juicio, pero que al mismo tiempo busque en ella algo que pueda ser compartido por los otros o las otras. He ahí la clave de la imparcialidad. Nótese que la imparcialidad aquí nada tiene que ver con la objetividad propia de los juicios determinantes. El juicio que se obtiene en este caso es imparcial, porque ese pensar (crítico) extensivo es desinteresado. Pensar extensivamente, juzgar como un espectador o una espectadora siempre co–implicado o co-implicada con otros u otras, implica dejar de lado los intereses individuales para poder ser capaz de comprender y considerar aun las opiniones que contradicen la propia. Sólo cuando se realiza esa operación, cuando se dejan de lado los intereses individuales, se adopta un punto de vista general y, por ello, imparcial. Lo que se obtiene es una opinión que aspira a persuadir a los otros y las otras. Ese juicio supone ya un acuerdo intersubjetivo, toda vez que quien juzga lo ha hecho como miembro de una comunidad asumiendo todos los puntos de vista posibles. Y no podría ser de otro modo, ya que no es posible pensar en términos kantianos sin considerar la opinión de los otros o las otras.

En este análisis, Arendt está pensando el público en general en analogía con el público de las obras de arte. El público es el que juzga, y no el actor o la actriz, ya sea en su versión estética o política. Los espectadores y las espectadoras –el público– pueden juzgar porque no están involucrados o involucradas en la acción y pueden, por lo tanto, ser capaces de adoptar un punto de vista universal e imparcial. En ellos y ellas está la posibilidad de contemplar la totalidad y captar lo que hay de universal en esa obra, en ese acontecimiento político singular (es decir, ese aspecto comunicable). El actor o la actriz es siempre parcial, no sólo porque estar involucrado o involucrada le impide tener una visión más panorámica que la parte del papel parcial que representa dentro de la escena, sino justamente porque es la parte interesada de la obra. Se ve ahora más claramente cómo el ámbito de lo público es el lugar donde son posibles los acuerdos intersubjetivos, merced al juicio reflexionante de los espectadores o espectadoras, desinteresados o desinteresadas e imparciales. Y es éste el sentido que a Arendt le interesa especialmente recuperar (2003 [1982]; 1997).

Cierres

El lenguaje del derecho, que es el lenguaje mediante el cual se resiste y se demanda, es central para los grupos oprimidos. Por eso interesa el modo en que se produce y se legitima la ley y, por ende, la vinculación entre derecho y espacio público. Los liberales en teoría política tienden a considerar las demandas de las mujeres como problemas particulares que debieran ser puestos debajo de la alfombra del ámbito privado, lugar que las posiciones liberales han destinado a las diferencias y desacuerdos (Bobbio, 2006 [1985]; Bobbio, 2004; Thiebaut, 1998; Benhabib, 2006 [1992]; Mouffe, 1999). La posición republicana clásica, con su distinción neta entre público y privado, presenta una dificultad similar aunque en el otro extremo: consideraría todo como público y sujeto a coerción estatal, sin lugar para la intimidad.

Mi posición, en cambio, está más cerca de la idea del espacio público como un espacio discursivo, donde se ponen en cuestión las normas que permiten la convivencia humana, pero también los criterios mediante los cuales nos definen y nos autodefinimos (Taylor, 1995; Benhabib,

2006 [1992]). Es decir, espacio público es aquel en el cual –retomando los desarrollos de Arendt (2003 [1974]) sobre la *Crítica del juicio* kantiana– es posible instalar asuntos que derivan de la experiencia, juicios singulares y particulares pero con pretensiones de validez universal. Es, de algún modo, el caso de los derechos sexuales, reproductivos y no reproductivos para las feministas, las mujeres en movimiento y otros grupos movilizados en torno de la sexualidad. Sus demandas implican, pues, la consideración dentro del lenguaje universal de la ley de asuntos que son difícilmente universalizables en un sentido fuerte.

La crítica a la dicotomía público-privado como esferas exhaustivas y excluyentes, que grupos y movimientos nucleados en torno de la sexualidad vienen llevando a cabo desde hace tiempo, ha permitido poner en cuestión tanto lo público como lo privado así como el límite fronterizo entre ambas. Sin embargo, es preciso seguir reflexionando sobre el modo de comprensión de lo público, pues está vinculado a la manera de construcción del derecho. Como la lengua común para quienes desean emanciparse es el derecho, la relación entre cuerpo y política, entre sexualidad y democracia –y por ende, la vinculación entre lo privado y lo público– precisa ser constantemente repensada.

Las críticas de Habermas ponen en evidencia la existencia del contrapúblico burgués. Es decir, no hay sólo un público sino al menos un contra-público, contestatario y crítico del primero. A ello, Fraser le suma la cuestión de la consideración de las desigualdades y las diferencias, los temas y sujetos incluidos-excluidos en cualquiera de esos públicos. Taylor, en cierta consonancia, atiende a la consideración específica de lo público para que no quede ligado ni a lo estatal, por un lado, ni al mercado por otro. Benhabib pone en consideración, trayendo los planteamientos de Taylor, la cuestión de la no necesariedad de la presencia física de las personas en el debate. Y en ello también coincide Arendt. Otra coincidencia entre estas dos pensadoras es la crítica a un modelo universal de sujeto y de experiencias traducibles en términos de derechos, aunque no por ello menos legítimas. Y finalmente el énfasis en el procedimiento de construcción de justicia –y no tan solo en los resultados– es otro tema que llama la atención de ambas autoras y aparece como sumamente relevante para pensar los derechos (no) reproductivos y sexuales.

Para cerrar, quisiera enfatizar aquello que destaca en las cuestiones ligadas con la(s) sexualidad(es), que refiere a la singularidad de su experiencia como fuente primaria de deslegitimación, tanto de los temas como de los sujetos y las *sujetas* para instalarse en el espacio público y político y, consecuentemente, su reclusión en lo privado, considerados irrelevantes desde el punto de vista de las tramas del poder. En ese sentido, parece central el aporte de Arendt y su relectura de la cuestión del juicio estético kantiano. Arendt piensa el juicio –o la opinión política– como el espacio entre la experiencia singular y la conquista de un ámbito de universalidad. Es ése, desde mi perspectiva, uno de los mayores desafíos de los movimientos políticos que aúnan fuerzas en torno de la conquista de derechos (no) reproductivos y sexuales tendientes a la consecución de cierta justicia erótica. El esfuerzo de la filósofa por elaborar herramientas que permitan pensar cómo transformar un punto de vista particular en un asunto de escucha universal es central para las mujeres y para aquellos y aquellas que han sido considerados o consideradas los y las particulares, los otros y las otras de la historia.

Referencias bibliográficas

Arendt, H., 1997 [1956], *¿Qué es la política?*, Buenos Aires: Paidós.

Arendt, H., 2003 [1982], *Conferencias sobre la filosofía política de Kant*, Buenos Aires: Paidós.

Arendt, H., 2005 [1958], *La condición humana*, Buenos Aires: Paidós.

Benhabib, S., 2006 [1992], *El Ser y el Otro en la ética contemporánea - Feminismo, comunitarismo y posmodernismo*, Barcelona: Gedisa Editorial.

Bobbio, N., 2004 [1985], *Estado, gobierno y sociedad (Por una teoría general de la política)*, México: Fondo de Cultura Económica.

Brown, J., 2008, *Mujeres y ciudadanía en Argentina. Debates teóricos y políticos sobre derechos (no) reproductivos y sexuales (1990-2006)*, Tesis doctoral, Facultad de Ciencias Sociales, Universidad de Buenos Aires (UBA).

Brown, J., 2007, *Ciudadanía de mujeres en Argentina. Los derechos (no) reproductivos y sexuales como bisagra. Lo público y lo privado puestos en cuestión*, Tesis de maestría, FLACSO, Buenos Aires.

Brown, J., 2005, "Las Conferencias sobre la filosofía política de Kant", *Reflexión Política*, Vol. 7, Nº 13, UNBucaramanga, Colombia.

Correa, S., Petchesky, R. and Parker, R., 2008, *Sexuality, Health, and Human Rights*, New York: Routledge.

Di Stéfano, C., 1996, "Problemas e incomodidades a propósito de la autonomía: algunas consideraciones desde el feminismo", en Castells, C. (comp.), 1996, *Perspectivas feministas en teoría política*, Barcelona: Paidós.

Foucault, M., 2008 [1984], *La historia de la sexualidad* (tres tomos), Buenos Aires: Siglo XXI Editores.

Fraisse, G., 1991, *Musa de la razón*, Madrid: Editorial Cátedra.

Fraser, N., 1997, *Justice Interruptus. Critical reflections on the "postsocialist" Condition*, London: Routeledge

García, J. y Parker, R., 2006, "From Global Discourse to Local Action: The Making of a Sexual Rights Movement ?", *Horizontes Antropológicos*, 12 (26): 13-41.

Habermas, J., 1986 [1962], *Historia y Crítica de la Opinión Pública*, México: GG Mas Media Ediciones.

Mouffe, C., 1999, *El retorno de lo político (Comunidad, ciudadanía, pluralismo, democracia radical)*, Barcelona: Paidós.

Murillo, S., 1996, *El mito de la vida privada. De la entrega al amor propio*, Madrid: Siglo XXI.

Pateman, C., 1995, *El Contrato Sexual*, Barcelona: Anthropos.

Parker, R., Petchesky, R., Stember, R. (eds.), 2008, *Políticas sobre Sexualidad. Reporte desde las líneas del Frente*, México: Fundación Arcoiris, Sexuality Policy Watch, Grupo de Estudios Sobre Sexualidad y Sociedad.

Pecheny, M., 2001, *La construction de l'avortement et du sida en tant que questions politiques: le cas de l'Argentine*, Lille: Presses Universitaires du Septentrion.

Pecheny, M., 2009, "La construcción de cuestiones políticas como cuestiones de salud: la "des-sexualización como despolitización en los casos de aborto, anticoncepción de emergencia y VIH en Argentina", Actas del XXVIII Congreso Internacional Latin American Studies Association (LASA), Río de Janeiro.

Taylor, C., 1995, *Philosophy and the Human Sciences*, New York: Cambridge University Press.

Thiebaut, C., 1998, *Vindicación del ciudadano – un sujeto reflexivo en una sociedad compleja*, Barcelona: Paidós.

Young, I. M., 1996, "Vida política y diferencia de grupos: una crítica del ideal de ciudadanía universal", en Castells, C. (comp.), 1996, *Perspectivas feministas en teoría política*, Barcelona: Paidós.

Derechos sexuales y reproductivos: la trama histórica en la Argentina

Mónica Petracci

Desde 1983, cuando se "funda" (Cheresky, 2008: 12) la democracia en nuestro país, es nutrida la bibliografía en la que se analiza el campo de los derechos sexuales y reproductivos al tiempo que se busca esclarecer las posiciones políticas e intereses que poblaron de logros y traspiés el debate público y político que acompañó la sanción de leyes, la implementación de políticas públicas y la resolución de fallos judiciales (Llovet y Ramos, 1986; Novick, 1992; Gogna y Ramos, 1996; Gogna *et al.*, 1998; Ramos *et al.*, 2001; Htun, 2003; Petracci y Ramos, 2006; Brown, 2008; Petracci, 2004; Pecheny, 2001, 2005; Barrancos, 2005, 2007; Gogna, 2005; Checa, 2006; Maffía, 2006; Aszkenazi, 2007; Petracci y Pecheny, 2007, 2009, 2010; Pecheny *et al.*, 2008; Levín, 2010). Los autores y las autoras coinciden en una etapa inicial –que en un libro anterior denominé "salida del silencio" (Petracci, 2004)– de presencia incipiente de los temas ligados a la sexualidad y la reproducción, que fue acompañada por una paulatina visibilidad pública y política estrechamente ligada a las discusiones que rodearon la sanción de leyes y los cambios institucionales y programáticos de una política pública que iría dejando atrás el énfasis en la fecundidad para adoptar una perspectiva de género y derechos en el marco de una coyuntura internacional y local que tuvo en los derechos humanos uno de sus ejes.

Las tramas delineadas a continuación acerca de los temas de este libro –VIH/sida, anticoncepción hormonal de emergencia, aborto y fertilización asistida– arrancan con sus propios y disímiles tiempos y transcurren en una tensión que alcanza grados diferentes, pero que nunca desaparece.

Respecto del VIH/sida, ocho años después de la aparición de los primeros casos y ante la desprotección y el estigma que padecieron, la sanción de la Ley 23798 en 1990 y la creación del Programa Nacional en 1991 buscaron asegurar la atención y el tratamiento para proteger a las personas viviendo con VIH.

La ley está guiada por principios de derechos humanos (consentimiento informado, confidencialidad, veracidad, no discriminación y acceso a la atención de la salud) (Vázquez *et al.*, 2004); en su sanción incidieron las acciones de distintos actores sociales (el reciente movimiento social de lucha contra el sida, grupos del movimiento gay y algunos profesionales de la salud); y declara de interés nacional la investigación de agentes causales, el diagnóstico y el tratamiento de la enfermedad, la prevención, la asistencia, la rehabilitación, las medidas para evitar la propagación, y la educación de los habitantes. A pesar de la previsión legal, y dada la falta de precisión de esa norma jurídica en cuanto a la definición y el alcance del término "asistencia adecuada", desde la entrada en vigencia de la ley se fueron denunciando innumerable cantidad de casos de discriminación y limitación de la asistencia integral en VIH/sida, tanto en efectores públicos, como de la seguridad social y el ámbito privado. La respuesta fue la sanción, durante la misma década, de la Ley 24455/95 y la Ley 24754/96, que obligan a las obras sociales y a la medicina privada, respectivamente, a incluir los tratamientos de VIH/sida entre sus prestaciones y garantizan la cobertura de los tratamientos para las personas que lo necesitan, más allá del sistema público de salud. En síntesis, el marco normativo relacionado directamente con el derecho a la salud en VIH/sida es prolífico y fue acompañado por la jurisprudencia. Un número considerable de sentencias convalidó el derecho a la igualdad, la protección a la intimidad y el derecho a la salud de las personas que viven con VIH (Petracci *et al.*, 2008). El aspecto más deslucido del accionar estatal inicial fueron las campañas de prevención (Petracci, 1994) como consecuencia de la presión ejercida por la Iglesia Católica para evitar referencias a la sexualidad y la prevención a través del uso del preservativo. Los discursos fueron contradictorios, distorsionados, centrados en el miedo y promotores de procesos de discriminación y estigmatización en el imaginario social (Petracci y Vacchieri, 1997; Kornblit *et al.*, 2001; Cuberli, 2010). No obstante, en la afirmación anterior no están incluidas indistintamente todas las gestiones gubernamentales, especialmente en los últimos tiempos hubo cambios en las iniciativas, la creatividad y el tono de los mensajes.

Respecto de la anticoncepción de emergencia, el reciente debate alrededor de este método que desembocó en una normativa específica está íntimamente vinculado con el proceso político ligado a la anticoncepción en general iniciado en 1983.

En 1985, la Ley 23179 de Aprobación de la Convención sobre Todas las Formas de Discriminación contra la Mujer (CEDAW) marcó un cambio de rumbo dado que reconocía, por primera vez en un instrumento legal "el derecho de la pareja a decidir libremente acerca del número y espaciamiento de los hijos". La ratificación del protocolo por la Ley 26171/06 demoró dos décadas y la publicación en el Boletín Oficial, en marzo de 2007, algunos meses más. En 1986, por el decreto 2274 se derogaron los decretos pronatalistas 659/74 y 3938/77 que establecían el control y la prohibición de las actividades destinadas al control de la natalidad por, respectivamente, la persistencia de "bajos índices de crecimiento de la población" y el requerimiento de "una mejor relación entre población y territorio". Un año después, en la Ciudad de Buenos Aires, jurisdicción pionera en el campo de los derechos sexuales y reproductivos, se creó el Programa de Procreación Responsable (PPR), basado en el reconocimiento del derecho de las personas a decidir sobre sus pautas reproductivas y el deber del Estado de posibilitar los medios para ejercer ese derecho.

Pero la huella más fuerte en la trama histórica de esta temática es el prolongado proceso que desembocó en la sanción de la Ley Nacional 25673/02 de Salud Sexual y Procreación Responsable. Se inició con motivo de la media sanción en la Cámara de Diputados en 1995 y continuó en ocasión de la pérdida de estado parlamentario de la ley en 1997, y una nueva media sanción de la Cámara de Diputados en 2001. Los puntos de conflicto que aparecieron en el debate parlamentario fueron la objeción de conciencia, los derechos de los y las adolescentes y el listado de métodos anticonceptivos. Finalmente, la ley obtuvo la sanción por la Cámara de Senadores el 30 de octubre de 2002. La reglamentación de la Ley Nacional de Salud Sexual y Procreación Responsable fue publicada en el Boletín Oficial el 26 de mayo de 2003, siete meses después de sancionada la norma. Varias páginas más podrían dedicarse a la sanción de leyes de salud reproductiva en las provincias, y aún hoy hay provincias que carecen de ley u otro tipo de normativa (Catamarca, Formosa, San Juan, Tucumán).

Si bien no aparecía mencionada en las legislaciones vigentes, paulatinamente la anticoncepción de emergencia fue incorporada a los programas de salud sexual y reproductiva (Schuster y García Jurado, 2005), dado que la distribución y la difusión están contempladas dentro de las responsabilidades que el Estado debe cumplir según lo establecido en la mencionada ley. Finalmente en 2007, por resolución 232 del Ministerio de Salud de la Nación, la anticoncepción hormonal de emergencia es considerada un método anticonceptivo para emergencias e incorporada al Programa Médico Obligatorio.

Tanto las leyes de salud reproductiva como la también llamada "píldora del día después" soportaron embestidas judiciales bajo el argumento de sus efectos abortivos y contraindicaciones (Petracci y Pecheny, 2007, 2010). Pero esas acciones no tuvieron consecuencias definitivas en la política pública sino que, tal como concluyen Pecheny *et al.* (2010) sobre la evidencia producida por una investigación de alcance nacional, en el contexto estigmatizante del aborto, la asociación semántica de ambas prácticas refuerza "zonas grises" del imaginario social que impedirían la distinción entre anticoncepción de uso regular, anticoncepción de emergencia, métodos regularizadores de la menstruación y métodos abortivos.

Respecto del aborto, es el Código Penal de la Nación (CPN) el que fija su estatus legal. Aprobado como Ley 11179 en 1921, ubica al aborto en el Libro "De los Delitos", "Contra las Personas" (Título I). A través de los artículos 85, 86, 87 y 88 se establecen dos circunstancias en las cuales "el aborto practicado por un médico diplomado con el consentimiento de la mujer encinta no es punible". La primera, "si se ha hecho para evitar un peligro para la vida o la salud de la madre y si este peligro no puede ser evitado por otros medios"; la segunda, "si el embarazo proviene de una violación o atentado al pudor cometido sobre una mujer idiota o demente", requiriéndose el consentimiento de su representante legal.

Esas excepciones no se producen automáticamente ya que, con frecuencia y si bien no está previsto en el CPN, los profesionales de las instituciones de salud se niegan o exigen una autorización judicial (Motta y Rodríguez, 2001: 31; Chiarotti, 2006; Bohmer *et al.*, 2006; Zamberlin, 2007). Frente a esa situación, desde distintas voces disciplinarias se han venido señalando las dificultades prácticas y las discusiones teóricas acarreadas por la interpretación que motiva el pedido de autorización judicial. Para Maffía (2006: 156): "El no respeto de las causales de impunibilidad del aborto transforma en clandestinos los abortos que están dentro de la ley; la modificación arbitraria de la letra de la ley, que agrega restricciones no existentes en las normas, viola el sistema republicano de división de poderes, atribuyendo capacidades legislativas a la Justicia o al Ejecutivo; y la judicialización innecesaria de una práctica de salud pone una *barrera inconstitucional* [cursiva en el original] al acceso a la salud integral".

Bohmer *et al.* (2006) sostienen que la solicitud de autorización vulnera derechos fundamentales de las mujeres como el derecho a la vida, a la salud, a la integridad y la autonomía personal y a no sufrir discriminación, y afecta sobre todo a las mujeres pobres y discrimina por condición social, ya que las mujeres de mayores recursos pueden acceder a un aborto seguro en clínicas privadas o pueden asumir el costo de procesos judiciales y patrocinio jurídico.

Bergallo y Ramón Michel describen las previsiones del CPN a la luz de los derechos garantizados en el sistema constitucional argentino. Según las autoras (2009: 3): "El CPN regula dos categorías de indicaciones o circunstancias de permisión. En primer lugar, el CPN permite el aborto en un par de casos, establecidos en el inciso 1, en los que ante el peligro para la vida o el peligro para la salud de la mujer embarazada, se privilegia el interés en la vida o la salud de la mujer y se desincrimina el aborto cuando el peligro no puede ser evitado por otros medios. En segundo término, el inciso 2 despenaliza el aborto en caso de violación y especifica que cuando se tratase de la violación de una mujer 'idiota o demente', su representante legal será quien deberá consentir la práctica. [...] Los desafíos al *status* legal de la despenalización han adoptado diversas formas. Mientras algunos han cuestionado directamente la constitucionalidad de todas o algunas de las circunstancias de no punibilidad, otros han intentado restringir el alcance de todos o ciertos permisos previstos en ambos incisos". Con relación a los proyectos en el Congreso, desde 1986 se presentaron sesenta y dos. La mayoría versa sobre modificaciones a los abortos no punibles o, en una menor cantidad, sobre la despenalización total, pero también hay proyectos que refuerzan las restricciones actuales. Respecto de las políticas públicas, algunas autoridades sanitarias dictaron normativas de atención (Buenos Aires, Neuquén, las ciudades de Buenos Aires y Rosario).

Las discusiones públicas sobre aborto han tenido un carácter discontinuo y fueron expuestas a través de posiciones presentadas como irreconciliables (Dinardi, Gogna y Ramos, 1997; Pecheny, 2001, 2005; Petracci, 2004). Para el movimiento de mujeres fue una reivindicación iniciada en los Encuentros Nacionales de Mujeres realizados cada año desde 1986 y en el "estridente" debate (Petracci, 2004) durante la Convención Constituyente de 1994. En marzo de ese año, el entonces presidente Menem había explicitado su alineamiento a las posturas del Vaticano defendiendo el derecho a la vida desde la concepción en la IV Reunión de Jefes de Estado de Iberoamérica realizada en Colombia. Luego, como parte del proceso de reforma de la Constitución, el Ejecutivo nacional intentó introducir en el nuevo texto de la Constitución un artículo que garantizara "el derecho a la vida desde la concepción hasta la muerte natural" que finalmente no fue aceptado por los constituyentes. Por varios años, probablemente como consecuencia de la reelección de Menem, el aborto quedó nuevamente relegado a los márgenes de la discusión pública.

El principal cambio en el debate sobre aborto fue en 2005 como consecuencia del posicionamiento del Ministro de Salud del expresidente Néstor Kirchner, Dr. Ginés González García, a favor de la despenalización del aborto. Al menos tres fueron los movimientos que mostraron el cambio. La resonancia política y simbólica significada por las declaraciones a favor de la despenalización en la figura de un ministro de la Nación opinando sobre un asunto generalmente clausurado por funcionarios y políticos. La ubicación del aborto como prioridad en la agenda de la política pública de salud al fijar la salud reproductiva y la mortalidad materna, cuya principal causa en el país son las complicaciones de aborto, como pilares de esa política. La doble apertura de la discusión al incorporar las voces de actores sociales, como algunos sectores de la comunidad médica reticentes a la expresión pública en debates previos, conjuntamente con las organizaciones que tradicionalmente se ocuparon del tema y la apertura temática al plantear la necesidad de discutir sobre mortalidad materna, aborto y despenalización (MSAL, 2004).

En marzo de ese año, un grupo autoconvocado promovió una solicitada a favor de la despenalización que reunió más de mil firmas de personas e instituciones de la Argentina y el exterior. La iniciativa fue promovida por el Centro de Estudios de Estado y Sociedad (CEDES), la Fundación para el Estudio e Investigación de la Mujer (FEIM) y la Asociación Argentina de Ginecología y Obstetricia Psicosomática (AAGOP). Se publicaron notas periodísticas y el debate se referenció en la tapa de un matutino (Ramos *et al.*, 2005) En mayo de 2005, más de setenta organizaciones feministas lanzaron la Campaña Nacional por el Derecho al Aborto Legal, Seguro y Gratuito que se inició, entre otras actividades, con la recolección de firmas a favor de despenalizar y legalizar el aborto y la realización de una marcha federal hacia el Congreso de la

Nación el 25 de noviembre de ese año, Día de Acción contra toda Violencia hacia la Mujer. El 8 de abril de 2011, la Campaña, a través de una solicitada, afirmó el compromiso con "la defensa y promoción de los derechos humanos" y consideró "imprescindible" que se debatiera y sancionara el proyecto de Ley de Interrupción Voluntaria del Embarazo en el Congreso Nacional. También, en los últimos años, nuevos actores y nuevas actoras sociales con formación en derecho discutieron el régimen jurídico y el aborto no punible fue visibilizado mediáticamente.

Esas acciones políticas y comunicacionales sacaron al aborto de los márgenes de la discusión pública y propiciaron la participación de diversas voces (decisores, profesionales de la salud, cientistas sociales, periodistas, juristas y abogados, organizaciones sociales) a través de opiniones, evidencias y argumentos sobre los puntos clave del debate político actual en el país, especialmente la relación del aborto no punible, la legislación y la política pública. También el debate actual del aborto busca distinguir los ámbitos moral y jurídico político. Según Vázquez (2006: 30-31): "Esta distinción es la única que puede asegurar una convivencia plural en el seno de una sociedad que se precie de democrática [...]". Desde la misma postura, Ferrajoli (2006: 35) opina que "Todos estamos y debemos estar sujetos al mismo derecho, es una condición de igualdad y antes aun de la certeza y del mismo papel normativo del derecho. En cambio, no todos tenemos –y tanto menos debemos tener, en una sociedad liberal las mismas opiniones, creencias o valores morales. En esta asimetría se funda la laicidad del Estado y del derecho moderno, que no puede privilegiar ninguna de las diversas concepciones morales que conviven en una sociedad, hasta el punto de prohibir un determinado comportamiento como delito sólo porque, algunos o aunque sea la mayoría, lo consideren pecado, y no únicamente porque sea dañoso para terceros".

Respecto de la fertilización asistida, los aspectos que la caracterizan a nivel nacional son, por un lado, la ausencia de una regulación legal, si bien existen lineamientos éticos y consensos médicos sobre buenas prácticas. Por otro, el desarrollo de las tecnologías reproductivas a partir de la última mitad de la década de los años ochenta, se ha unido a la falta de accesibilidad en el sistema de salud. En consecuencia, se incrementaron los fallos judiciales que obligan a obras sociales y prepagas a cubrir tratamientos en casos individuales. Se trata de medidas que van a la par del accionar de organizaciones no gubernamentales de pacientes que demandan la inclusión de la fertilización asistida dentro del Programa Médico Obligatorio. Más allá de las intervenciones de estos sectores de la sociedad civil, la discusión social sobre el tema ha sido restringida y, generalmente, limitada a ámbitos académicos, bioéticos, médicos y legislativos (Luna, 2002; Garay, 2008; Ariza, 2008).

Sin embargo, desde 2009 se aprobaron decretos, resoluciones y leyes a nivel provincial que disponen la cobertura médica, en especial de los casos diagnosticados médicamente como "infertilidad". Las resoluciones (La Pampa, Res. 450/09; Entre Ríos, Res. 206/09) y leyes (Neuquén, Ley 2258/98; Córdoba, Ley 9625/09 y Res. 168/09; Río Negro, Ley 4557/10; Buenos Aires, Ley 14208/10 y Decretos 2980/10 y 564/11) comparten la tendencia a priorizar los tratamientos homólogos (material biológico de la pareja que realiza el tratamiento) y omitir tratamientos heterólogos (donación/ uso de gametos de terceros). Otras omisiones tienen que ver con la resolución jurídica sobre la filiación en los casos de donación heteróloga y la regulación sobre las prácticas de crioconservación de embriones humanos. Hasta la fecha no hubo regulación alguna sobre las mismas técnicas ni iniciativas públicas para la prevención de la infertilidad como enfermedad. A su vez, la modalidad general de cobertura tiende a ser limitada en el alcance y tipos de tratamiento.

Tampoco hubo una profundización de la discusión en materia de los derechos reproductivos de personas solas, parejas homosexuales, personas que viven con VIH, etc. Se trata de leyes y resoluciones sin un debate social de fondo desde los derechos sexuales y reproductivos que incluya a la diversidad de actores implicados (Palopoli, 2011).

* * *

En los cuatro temas hay logros, hubo retrocesos y, como no podría ser de otro modo, hay mucho por hacer en el campo de la legislación y las políticas públicas respecto de lo que no se hizo por motivos ideológicos, presupuestarios o por falta de voluntad política.

Para que el camino que logre disminuir lo que falta por hacer se recorra sobre una sociedad democrática, es necesario, por un lado, que el pluralismo, la laicidad y la distinción de lo moral y lo jurídico político impregnen el debate público; y, por otro, el sostén de una profunda mirada crítica sobre las relaciones de poder, la conformación que adoptan y el escenario político en el cual se hacen efectivas.

Referencias bibliográficas

Ariza, L., 2008, *El recurso a las tecnologías reproductivas en la Ciudad de Buenos Aires y AMBA: una aproximación cultural*, Tesis de Maestría en Sociología de la Cultura y Análisis Cultural, Universidad Nacional de San Martín e Instituto de Altos Estudios Sociales.

Aszkenazy, M. (comp.), 2007, *Clausuras y aperturas: debates sobre el aborto*, Buenos Aires: Espacio Editorial.

Barrancos, D., 2005, "Género e instituciones de la sexualidad en Argentina: un balance del siglo XX sobre divorcio y contracepcionalidad", *Perspectivas bioéticas*, Año 10, Nº 18, Buenos Aires: FLACSO - Ediciones el Signo.

Barrancos, D., 2007, *Mujeres en la Sociedad Argentina (una historia de cinco siglos)*, Buenos Aires: Sudamericana.

Bergallo, P. y Ramón Michel, A., 2009, "El aborto en el derecho penal argentino", Hoja Informativa número 9, abril de 2009, www.despenalizacion.org.

Bohmer, M., Faerman, R., Luna, F., Maffia, D., Manterola, J., Mejía, R., Ramos, S., Righetti, N., y Romero, M., 2006, *Aborto por motivos terapéuticos: artículo 86, inciso 1 del Código Penal Argentino*, Buenos Aires, CEDES-FLACSO Argentina, http://www.cedes.org/descarga/abortoterapeutico.zip

Brown, J., 2008, "Aborto como bisagra entre los derechos reproductivos y los sexuales", en Pecheny, M., Figari, C. y Jones, D. (comps.), *Todo sexo es político*, Buenos Aires: El zorzal.

Checa, S. (comp.), 2006, *Realidades y coyunturas del aborto. Entre el derecho y la necesidad*, Buenos Aires: Paidós.

Cheresky, I., 2008, *Poder presidencial, opinión pública y exclusión social*, Buenos Aires: CLACSO Coediciones, Cuadernos Argentinos Manantial.

Chiarotti, S., 2006, "El aborto en el marco de los derechos humanos. La situación en Argentina", en S. Checa (comp.), *Realidades y coyunturas del aborto. Entre el derecho y la necesidad*, Buenos Aires, Paidós, 2006,

Consenso Latinoamericano en aspectos éticos-legales relativos a las Técnicas de Reproducción Asistida, 1995. Reñaca. Chile. http://www.scielosp.org/pdf/csp/v14s1/1352.pdf

Cuberli Milca, 2010, "Comunicación y Salud. Prácticas comunicacionales en las consultorías de VIH/sida de la red asistencial pública de la Ciudad de Buenos Aires: los Centros de Prevención, Asesoramiento y Diagnóstico (CePAD)", Maestría en Salud Pública,

Universidad de Buenos Aires (UBA), Ciudad de Buenos Aires (Tesis sin publicar).

Dinardi, G., Gogna M. y Ramos, S., 1997, "La cuestión del aborto en la Argentina: proceso desencadenado por la reforma constitucional de 1994", II Jornadas Nacionales de Debate Interdisciplinario sobre Salud y Población, Buenos Aires: Instituto Gino Germani.

Ferrajoli, L., 2006, "La cuestión del embrión: entre el derecho y la moral", *Debate feminista, Aborto: el derecho a decidir*, Año 17, Vol. 34, octubre de 2006.

Garay, R., 2008, "El destino de ser madres: la ideología de la maternidad como soporte discursivo de las nuevas tecnologías reproductivas", en Tarducci, M. (comp.), 2008, *Maternidades del Siglo XXI*, Buenos Aires: Espacio Editorial.

Gogna, M., 2005, *Estado del arte. Investigación sobre sexualidad y derechos en la argentina (1990-2002)*, Buenos Aires: CEDES.

Gogna, M. y Ramos, S., 1996, "El acceso a la anticoncepción: una cuestión de derechos humanos y de salud pública", *Perspectivas Bioéticas en las Américas*, N° 2, Buenos Aires: FLACSO.

Gogna, M., Llovet, J. J., Ramos, S. y Romero, M., 1998, "Los retos de la salud reproductiva: derechos humanos y equidad social", en Isuani, A. y Filmus, D. (edits.), 1998, *La Argentina que viene*, FLACSO-UNICEF/Grupo Editorial Norma, Buenos Aires.

Htun, M., 2003, *Sex and the State. Abortion, Divorce, and the Family Under Latin American Dictatorships and Democracies,* New York: Cambridge University Press.

Human Rights Watch, 2005, "Decisión prohibida. Acceso de las mujeres a los anticonceptivos y al aborto en la Argentina", Vol.17, N° 1(B), junio de 2005.

Kornblit, A., Beltramino, F., Jones, D., Pérez, G. y Verardi, M., 2001, *El sida en la prensa escrita argentina*, Documentos de trabajo N° 25, Instituto de Investigaciones Gino Germani, Facultad de Ciencias Sociales, Universidad de Buenos Aires, Argentina.

Levín, S., 2010, *Derechos al revés ¿salud sexual y salud reproductiva sin libertad?*, Buenos Aires: Espacio Editorial.

Llovet, J.J. y Ramos, S., 1986, "La planificación familiar en la Argentina: salud pública y derechos humanos", *Cuadernos Médico Sociales*, N° 38, pp. 25-39, diciembre de 1986, Rosario.

Luna, F., 2002, "Assisted Reproductive Technology in Latin America: Some Ethical and Sociocultural Issues", en Vayena, E.; Rowe, P.J. y y Griffin, P. D. (eds.), 2002, *Current Practices and Controversies in Assisted Reproduction*, Ginebra.

Luna, F., 2002, "Assisted Reproductive Technology in Latin America: Some Ethical and Sociocultural Issues", en Vayena, E.; Rowe, P.J. y Griffin, P. D. (eds.), *Current Practices and Controversies in Assisted Reproduction*, OMS Ginebra, Suiza, OMS.

Luna, F., 2008, *Reproducción asistida, género y derechos humanos en América Latina*, San José, Costa Rica: Instituto Interamericano de Derechos Humanos.

Maffía, D., 2006, "Aborto no punible: ¿Qué dice la ley argentina?", en S. Checa (comp.), *Realidades y coyunturas del aborto. Entre el derecho y la necesidad*, Buenos Aires: Paidós.

Motta, C. y Rodríguez, M., 2001, *Mujer y justicia: el caso argentino*, Buenos Aires: Banco Mundial.

MSAL, 2004, "Compromiso para la Reducción de la Mortalidad Materna", Dirección Nacional Salud Materno Infantil, Ministerio Salud de la Nación, 6 de octubre de 2004,www.msal.gov.ar/htm/site/promin/UCMISALUD/publicaciones/publicaciones.htm

Novick, S., 1992, *Política y población. Argentina 1870-1989*, Buenos Aires: Centro Editor América Latina.

Palopoli, A., 2011, "La problemática de fertilización asistida en la Argentina: su constitución y desarrollo desde el análisis de los discursos sociales (1985-2010)", Informe de investigación en curso y llevada a cabo por medio de una beca Estímulo UBACyT.

Pantelides, A. y Mario, S., 2009, "Estimación de la magnitud del aborto inducido en la Argentina", Notas de población, julio de 2009.

Pecheny, M., 2001, *La construction de l'avortement et du sida en tant que questions politiques: le cas de l'Argentine*, Lille : Presses Universitaires du Septentrion.

Pecheny, M., 2005, "Yo no soy progre, soy peronista: ¿por qué es tan difícil discutir políticamente sobre aborto?", VI Jornadas Debate Interdisciplinario Salud y Población, Bs. Aires, del 25 al 27 de julio de 2005.

Pecheny, M., Andía, A., Ariza, L., Brown, J., Epele, M., Luciani Conde, L., Mario,S., Tamburrino, M.C., 2010, *Anticoncepción después de... Barreras a la accesibilidad a la anticoncepción de emergencia en la Argentina*, Buenos Aires: Teseo.

Pecheny, M., Figari, C. y Jones, D., 2008, *Todo sexo es político: estudios sobre sexualidad en Argentina*, Buenos Aires: Libros del Zorzal.

Petracci, M., 1994, *Feliz posteridad. Cuatro estudios de opinión pública sobre el SIDA*, Buenos Aires: Letra Buena.

Petracci, M., 2004, *Salud, derechos y opinión pública*, Buenos Aires: Norma.

Petracci, M., Maglio, I. y Vázquez, M., 2008, "La respuesta al VIH/sida en Latinoamérica desde la perspectiva social. Argentina", Informe Final presentado a GTZ-Flacso México.

Petracci, M. y Ramos, S. (comps.), 2006, *La política pública de salud de salud y derechos sexuales y reproductivos en la Argentina. Aportes para comprender su historia*, Buenos Aires: CEDES - FNUAP.

Petracci, M. y Szulik, D., 2000, "La opinión pública frente a la despenalización del aborto", en Domínguez Mon, A., Federico, A., Findling, L. y Mendes Diz, A (comp.), 2000, *La salud en crisis. Un análisis desde la perspectiva de las ciencias sociales*, Buenos Aires: Ediciones Dunken, pp. 261-277.

Petracci, M y Vacchieri, A., 1997, "La tematización del sida en la prensa escrita de Buenos Aires 1991-1993", en Kornblit, A. (comp.), 1997, *Sida y Sociedad*, Buenos Aires: Espacio Editorial.

Petracci, M. (coord.) y Pecheny, M., 2007, *Argentina: Derechos Humanos y Sexualidad*, Buenos Aires: CEDES- CLAM/ IMRJ ISBN 978 987-21844-6-9.

Petracci, M. y Pecheny, M., 2009, *Panorama de derechos sexuales y reproductivos*, Argentina 2009, *Revista Argumentos, Revista de Crítica Social, 11, octubre de 2009*, Facultad de Ciencias Sociales, Universidad de Buenos Aires.

Petracci, M. y Pecheny, M., 2010, *Argentina: Derechos Humanos y Sexualidad*, actualización, http: //www. clam.org.br/ publique/ media/coldoc_ar_website%20 final.pdf

Ramos, S., Gogna, M., Petracci, M., Romero, M. y Szulik, D., 2001, *Los médicos frente a la anticoncepción y el aborto. ¿Una transición ideológica?*, Buenos Aires: CEDES.

Ramos, S., Romero, M. y Petracci, M., 2005, "El derecho a tomar decisiones", *Clarín*, 30 de junio de 2005.

Schuster, G. y García Jurado, M., 2005, "Análisis comparativo de la legislación nacional y provincial en materia de salud sexual y reproductiva", publicado en www. conders.org.ar.

Sommer, S., 1999, "Nuevas formas de procreación", en *Género y salud reproductiva en América Latina*, ed. Lucila Scavone, Cartago: Libro Universitario Regional (LUR).

Vázquez, M., Salomé, M., Pregno, E. y Wald, G., 2004, *Derechos Humanos y SIDA. Guía para promotores comunitarios*, Buenos Aires: Fundación Huésped. Embajada Real de los Países Bajos.

Vázquez, R., 2006, "Algo más sobre el aborto", *Debate feminista, Aborto: el derecho a decidir*, Año 17, Vol. 34, octubre de 2006.

Zamberlin, N., 2007, "El aborto en la Argentina", hoja informativa, Número 03, junio de 2007. www.despenalizacion.org.

PARTE II
ESPACIO PÚBLICO: OPINIÓN PÚBLICA
Y MEDIOS DE COMUNICACIÓN

Del entramado teórico y político previo, desde el cual miramos el pasado reciente y los puntos de fuga y oportunidades de los derechos sexuales, reproductivos y no reproductivos con vistas a contribuir en el proceso de ampliación de ciudadanía sexual, destacamos el espacio público en tanto ámbito en el cual las deliberaciones y las acciones políticas de los actores sociales se desenvuelven y cruzan en su búsqueda de nuevos derechos o ampliación de los ya existentes. Para Habermas –quien tempranamente se ocupó del espacio público, la opinión pública y los "horizontes porosos" de su delimitación–, el espacio de libre juego de la opinión pública es el motor, empírica y normativamente, de una política democrática.

Del espacio público no estatal analizamos la agenda de la opinión pública y la construcción discursiva en los medios de comunicación de los cuatro temas mencionados: VIH/ sida, aborto, anticoncepción de emergencia y fertilización asistida. Están atravesados por decisiones sobre el cuerpo, por la autodeterminación sexual e identitaria, por los valores sociales relacionados con la familia y el matrimonio, por el uso de la tecnología y las concepciones divergentes que la atraviesan, por la disputa por la legalidad o legitimidad en materia de derechos, entre otros. En estos cuatro temas con historias cruzadas por controversias más lejanas o más recientes en nuestro país, también los efectos de la globalización dicen presente. Sobre esos efectos, en un libro tan breve como agudo, Giddens (2003: 65-70) señala que: "De todos los cambios que ocurren en el mundo, ninguno supera en importancia a los que tienen lugar en nuestra vida privada –en la sexualidad, las relaciones, el matrimonio y la familia–. Hay en marcha una revolución mundial sobre cómo nos concebimos a nosotros mismos y cómo formamos lazos y relaciones con los demás. [...] Hay pocos países en el mundo donde no haya un debate intenso sobre la igualdad sexual, la regulación de la sexualidad y el futuro de la familia. Y donde no hay discusión abierta es, sobre todo, porque es reprimida activamente por gobiernos autoritarios o grupos fundamentalistas. [...] La sexualidad, por primera vez, es algo a ser descubierto, moldeado, transformado. La sexualidad, que solía definirse tan estrictamente en relación al matrimonio y a la legitimidad, tiene ahora poca conexión con ello".

En los dos primeros artículos se analiza el estado de la opinión pública sobre derechos sexuales y reproductivos. En el primero, Mónica Petracci analiza, a través de datos secundarios, los grados de acuerdo/desacuerdo de la ciudadanía sobre diversos indicadores clásicos en estas mediciones de opinión y, a través de datos primarios, incorpora la conformación del nivel de importancia temático asignado al conjunto y a cada uno de los temas mencionados. A continuación Marina Mattioli, Cecilia Straw y Mónica Petracci abordan cualitativamente la agenda de derechos sexuales y reproductivos de las mujeres a través del análisis de las discusiones mantenidas en grupos focales realizados en la Ciudad de Buenos Aires. Con las aperturas y flexibilidades del enfoque, a diferencia de la selección pautada de alternativas de respuesta de los estudios por encuesta, y confirmando el punto de partida, las mujeres participantes de los grupos mostraron que las cuestiones de derechos sexuales y reproductivos, especialmente el aborto, están presentes en su agenda y que sus opiniones, ya sea de acuerdo o en desacuerdo, exhiben un anclaje en valores no modificados por el debate grupal. No obstante, los hallazgos también convocan a reflexionar sobre las dificultades de la apropiación subjetiva de derechos respecto de las temáticas en cuestión.

Finalmente, en el tercer artículo, el análisis de los discursos sociales en los medios gráficos es abordado por Milca Cuberli, Marina Lois y Andrea Palopoli. Las autoras retoman las principales categorías teóricas de Ernesto

Laclau y Chantal Mouffe, Slavoj Žižek y Michel Pêcheux para analizar noticias sobre test de VIH, anticoncepción de emergencia, aborto y fertilización asistida publicadas en la prensa gráfica de tirada nacional en años seleccionados del período estudiado (1998, 2002, 2004 y 2008). El punto de partida es que los discursos que circulan en los medios gráficos permiten conocer los sentidos construidos socialmente, la articulación de las agendas de los medios, la opinión pública y el gobierno, y las relaciones entre dichas agendas.

Una mirada global desde los derechos sexuales, reproductivos y no reproductivos al análisis específico de la importancia temática a través de un sondeo a la población, las cuestiones de agenda vía grupos focales de mujeres y la conflictividad social y política vehiculizada en los discursos que circulan en la prensa gráfica encuentra continuidades caracterizadas por la prioridad del aborto, el sostenimiento del VIH/sida en un lugar privilegiado, la opacidad de la anticoncepción de emergencia en la búsqueda de un lugar propio y la lejanía de la fertilización asistida.

C.S. y M.P.

Referencias bibliográficas

Habermas, J., 1981, *Historia y crítica de la opinión pública*, Barcelona: Gustavo Gilli.
Habermas, J., 1998 [1992], *Facticidad y validez*, Madrid: Trotta.
Giddens, A., 1999 [2003], *Un mundo desbocado. Los efectos de la globalización en nuestras vidas*, Buenos Aires: Taurus, pp. 65-70.

OPINIÓN PÚBLICA SOBRE DERECHOS SEXUALES Y REPRODUCTIVOS

Mónica Petracci

La necesidad de profundizar la investigación de la opinión pública en el campo de los derechos sexuales y reproductivos fue señalada por investigadores locales y latinoamericanos desde fines de la década de los años noventa (Llovet, 1998: 657; Ramos *et al.*, 2001; Petracci, 2004, 2005; García *et al.*, 2005 a y b). En este artículo se presentan los hallazgos de sondeos acerca del estado de la opinión pública sobre derechos sexuales y reproductivos en nuestro país; se comentan los hallazgos de los estudios realizados en otros países, especialmente en América Latina; y se analiza el grado de importancia temática asignado por la ciudadanía conforme los resultados de un sondeo de opinión realizado en la Ciudad de Buenos Aires en 2010.[6]

1. La opinión pública de nuestro país tiene una opinión formada sobre derechos sexuales y reproductivos. En las investigaciones analizadas, es exigua la proporción de entrevistados que, a lo largo de las entrevistas, se negó a contestar, o no supo qué responder o eligió una postura indefinida. Tanto esos resultados iniciales como los hallazgos que se describen a continuación surgen del análisis de los datos disponibles en nueve estudios transversales realizados entre 1991 y 2006 (véase Anexo I al final del artículo).[7]

---

[6]   Agradezco especialmente al Lic. Martín Romeo, integrante del equipo, por su participación en la redacción del cuestionario, la organización del trabajo de campo y el procesamiento.
[7]   Para Babbie es posible extraer conclusiones aproximadas sobre procesos que tienen lugar a lo largo del tiempo, incluso cuando sólo se dispone de datos transversales. Las inferencias pueden hacerse de varias maneras: "por lógica", "siempre que el orden temporal de las variables esté claro"

Esa opinión formada está de acuerdo con la autodeterminación sexual y reproductiva y sostiene posturas a favor de las políticas públicas vinculadas con este tema. Geográficamente, los acuerdos más robustos son en la Ciudad de Buenos Aires. Una gran mayoría de la población entrevistada en la totalidad de los estudios considerados, que en algunos casos llega a la totalidad de la muestra, acuerda con:

la autodeterminación sexual y reproductiva (nueve o más de cada diez);

la entrega de información sobre anticoncepción y la provisión de anticonceptivos a los adolescentes en los servicios de salud de la red asistencial pública, aun sin la presencia de los padres, si bien el acuerdo, aunque mayoritario, es mayor cuando la edad es a partir de los quince años (nueve o más de cada diez entrevistados o entrevistadas, inclusive la totalidad de la muestra, acuerdan con la entrega de información sobre anticoncepción y la provisión de anticonceptivos a los y las adolescentes de 15 a 17 años; entre ocho y nueve de cada diez acuerdan con la consulta sobre anticoncepción en los servicios de salud de los y las adolescentes de 15 a 17 años sin presencia de los padres) respecto de edades menores (nueve o más de cada diez acuerdan con la entrega de información sobre anticoncepción a los y las adolescentes de 12 a 14 años; nueve o más de cada diez acuerdan con la provisión de anticonceptivos en los servicios de salud a los y las adolescentes de 12 a 14 años; entre seis y siete de cada diez acuerdan con la consulta sobre anticoncepción en los servicios de salud de los y las adolescentes de 12 a 14 años sin presencia de los padres);

---

o "pidiendo a la gente que recuerde su pasado" (Babbie, 1996: 132-133). El trabajo empírico de este artículo corresponde a la segunda. Por ende, las conclusiones acerca de las posturas de la opinión pública sobre salud y derechos sexuales y reproductivos durante el período considerado se justifican porque, en lo que a la dimensión temporal respecta, es claro el orden de las variables expuestas.

la provisión en los servicios públicos de salud de los métodos anticonceptivos que provocaron controversia, y la siguen provocando, dada la posición contraria de la Iglesia Católica y los sectores conservadores[8] (nueve de cada diez acuerdan con la provisión de DIU; nueve de cada diez acuerdan con la ligadura tubaria; nueve de cada diez acuerdan con la provisión de anticoncepción de emergencia en los servicios de salud);

la inclusión de educación sexual en el sistema educativo, si bien el acuerdo es mayor en la secundaria que en la primaria (el noventa y ocho por ciento o más de los entrevistados y las entrevistadas acuerda con la incorporación de educación sexual en la escolaridad secundaria; nueve de cada diez acuerdan con la incorporación de educación sexual en la escolaridad primaria; el noventa y cinco por ciento o más de los entrevistados y las entrevistadas acuerda con la contribución de la educación sexual a que los jóvenes tengan una vida más responsable y segura);

la realización de campañas gubernamentales de prevención de VIH/sida con distribución de preservativos (el noventa y cinco por ciento o más de los entrevistados y las entrevistadas acuerda con la realización de campañas sobre VIH con distribución de preservativos dirigidos a la población adolescente);

el goce de la libertad de elegir la orientación sexual deseada (entre ocho y nueve de cada diez entrevistados y entrevistadas acuerda con la libertad para elegir la orientación sexual deseada).

(Véase Cuadro 1 al final del artículo.)

Respecto del aborto, una mayoría acuerda con la interrupción en situaciones específicas: violación, malformaciones del feto, peligro para la vida de la mujer y peligro

---

[8]   Para una mayor comprensión sobre el accionar de estos sectores, véase Irrazábal, 2010.

para la salud física y psíquica de la mujer. Los datos, considerando la totalidad de los estudios, indican lo siguiente:

entre ocho y nueve de cada diez manifestaron acuerdo en los casos de violación de una mujer;

entre cinco y ocho de cada diez manifestaron acuerdo si el feto tiene una malformación incompatible con la vida extrauterina;

entre cinco y ocho de cada diez manifestaron acuerdo si la vida de la mujer corre peligro debido al embarazo o al parto;

entre seis y ocho de cada diez manifestaron acuerdo si la salud física de la mujer corre peligro debido al embarazo o al parto;

entre cinco y siete de cada diez manifestaron acuerdo si la salud psíquica de la mujer corre peligro debido al embarazo o al parto.

(Véase Cuadro 2 al final del artículo.)

Resultados similares pueden observarse en la Primera Encuesta sobre Creencias y Actitudes Religiosas en Argentina dirigida por el investigador F. Mallimacci (2008):[9] el 63,9% de la población está de acuerdo con el aborto en ciertas circunstancias (violación, peligro para la vida de la mujer, malformación del feto), y se destaca que el 68,6% de los católicos opina en igual sentido. Ello, de acuerdo al autor, estaría "[...] evidenciando un estado de creencia religiosa,

---

[9]   Mallimacci, F., 2008. Ficha técnica:
Tipo de estudio: Se ha diseñado una muestra polietápica probabilística superior, con selección de conglomerados mediante azar sistemático en un primer momento y con cuotas de sexo y edad ajustados a los parámetros poblacionales posteriormente
Margen de error: +- 2% - nivel de confiabilidad, 95%
Cantidad de casos: 2403
Alcance del estudio: República Argentina
Período de relevamiento de datos: de enero a febrero de 2008

sin pertenencia ni identificación con las normas que la institución proclama."

No se registra consenso cuando los motivos son problemas económicos, fallas del método anticonceptivo, o bien si una mujer decide no tener un hijo en un momento determinado de la vida. Los datos, considerando la totalidad de los estudios, indican lo siguiente:

> cinco o menos de cada diez entrevistados manifestaron acuerdo como consecuencia de la falta de recursos económicos;

> cuatro o menos de cada diez entrevistados manifestaron acuerdo si falla el método anticonceptivo;

> cuatro o menos de cada diez entrevistados manifestaron acuerdo si la mujer decide no tener un hijo en ese momento de la vida.

(Véase Cuadro 2 al final del artículo.)

Las situaciones fueron seleccionadas de estudios por encuestas realizados desde 2003 (CEDES/ CELS/ FEIM, 2003; CEDES, 2004; Petracci, 2004).

Al comparar la tendencia en la Ciudad de Buenos Aires y en el Gran Buenos Aires de los resultados de aquellos estudios que mantuvieron similares fraseos (CEDES 2003, 2004 y 2006), se observa que los distintos temas analizados presentan escasas diferencias siempre en el marco general del acuerdo. En los temas vinculados a la anticoncepción, especialmente en los indicadores referidos a adolescentes y a la educación sexual no hay diferencias significativas, y cuando las hay se observa que el pico del acuerdo se alcanzó en 2004 con un ligero descenso en 2006 respecto a las dos mediciones anteriores. En cambio, en el caso del aborto voluntario se produjo un crecimiento significativo del acuerdo en algunas situaciones: si la salud física de la mujer corre peligro debido al embarazo o al parto; si la salud mental de una mujer es afectada por el embarazo o por el parto; y en las tres situaciones definidas como electivas (pocos recursos económicos; falla del método anticonceptivo; no querer tener un hijo en ese momento de la vida). En la interpretación de esas diferencias inciden cuestiones de distinto tipo. Por un lado, el mayor nivel educativo, más cercano a asumir posturas desde una perspectiva de derechos, de la muestra del estudio de 2004. Por otro, el crecimiento del acuerdo en las situaciones de aborto voluntario puede ser consecuencia del debate mediático de ese momento ocasionado por los casos de dos jóvenes con deficiencias mentales y embarazadas por violación.

Otro hallazgo estable respecto de la interrupción del embarazo indica que la representación del clima de opinión sobre la despenalización del aborto está teñida de diferencias respecto de la opinión personal: en todos los estudios en los que se consultó, se comprobó que si bien hay consenso con la despenalización, la mayoría considera que la sociedad, independientemente de la opinión personal, está en desacuerdo.

Esas tendencias se mantienen desde los primeros estudios realizados en la década de los años noventa, considerando pionero al emprendido por la Directora del Consejo Nacional de la Mujer, Licenciada Virginia Franganillo, y realizado por Heriberto Muraro, durante el debate sobre aborto desatado a raíz del intento del expresidente Carlos Menem de introducir un artículo que garantizara "el derecho a la vida desde la concepción hasta la muerte natural" en el nuevo texto constitucional que se estaba por sancionar. Muraro, en defensa de los estudios de opinión pública, refiere a esa investigación para ejemplificar cómo las entrevistadas demostraron haber elaborado "[...] un cuerpo bien articulado de nuevas normas al respecto, directamente opuestas a las respetadas por la sociedad argentina de principios de siglo" y generado "[...] consensos extrapolíticos, es decir, a espaldas de los funcionarios y de los periodistas" (Muraro, 1997: 94-95).

Los hallazgos presentados muestran estabilidad en las opiniones de la ciudadanía. A su vez, esos hallazgos contribuyeron a la sanción de leyes (porque fueron incorporados a la discusión y/o el texto de proyectos de ley), a la formulación e implementación de políticas públicas (porque la evidencia fue considerada por algunos tomadores de decisión) y al fortalecimiento del debate público (porque la validación y robustez de los argumentos desempeñó un rol decisivo para legitimar posturas que permitieron avanzar en el reconocimiento de derechos universales y su traducción en políticas públicas de carácter nacional).

2. La interpretación de la opinión pública está vinculada con el escenario público político de cada país. No obstante, algunas tendencias, como los acuerdos mayoritarios con la interrupción del embarazo en los casos de violación y los desacuerdos en casos de decisiones electivas de las mujeres, por ejemplo cuando fallan los métodos anticonceptivos o la adversidad económica, atraviesan las opiniones de la ciudadanía en diferentes países (Cohen, 1994; Álvarez González y Aracil Rodríguez, 2003; Shaw, 2003; MORI, 2004; Petracci, 2004; García *et al.*, 2005; Dides, 2006; Martínez, 2006; http://www.publicagenda.org).

En México, en 1991, se realizaron dos investigaciones –en la ciudad capital y en Chiapas– cuyos resultados "[...] sugirieron que la mayoría de la población de ese país apoya el derecho de la mujer o de la pareja para optar por un aborto. Más de la mitad de las personas que fueron entrevistadas dijo conocer a alguien que había abortado" (Cohen, 1994: 112-115). A similares resultados arribó una investigación sobre estudios en la opinión pública en general y entre los profesionales de la salud (García *et al.*, 2005). Las autoras sostienen que en la mayoría de las encuestas, los entrevistados y las entrevistadas apoyan el aborto legal bajo una de las siguientes circunstancias: cuando el embarazo resulta de una violación, cuando el embarazo pone en riesgo la vida de la mujer, cuando existen malformaciones fetales; que con frecuencia el público en general desconoce el contexto legal y piensa que las leyes sobre aborto son más estrictas de lo que realmente son; que, por lo regular, los entrevistados con mayor nivel económico social apoyan más el aborto legal que aquellos con menor nivel económico social; que los entrevistados con mayor nivel escolar apoyan en mayor grado que aquellos menos preparados; que la mayoría de los entrevistados y las entrevistadas piensa que la Iglesia no debería influir en las leyes sobre aborto.

Más recientemente, en 2010, y después de la Interrupción Legal del Embarazo (ILE) en ese país en 2007, una investigación realizada por Population Council, Ipsos-BIMSA e Insad, a pedido de la Alianza Nacional por el Derecho a Decidir, Andar (que nuclea a Católicas por el Derecho a Decidir [CDD], Grupo de Información en Reproducción Elegida [GIRE], Equidad de Género, Ciudadanía, Trabajo y Familia e IPAS), indica que el 73% y el 83% de las personas que viven en México D.F. está de acuerdo, respectivamente, con la ley y con que la Interrupción Legal del Embarazo hasta las doce semanas se extienda a otras entidades federativas del estado mexicano (GIRE 2010).

Un estudio realizado en Estados Unidos que compara los resultados de una década de investigaciones sobre aborto concluye que las posturas a favor de la interrupción del embarazo son más fuertes si hay riesgo para la vida o la salud de una mujer y más débiles si el motivo es el deseo de la mujer de no tener más hijos (Shaw, 2003).

En Chile, según Dides (2006), las encuestas señalan que la ciudadanía está en contra de la legalización "liberal" del aborto, no así de que se permita en caso de que el embarazo sea producto de una violación, de que esté en peligro la salud o la vida de la madre o de que existan malformaciones graves del feto. En Perú, de acuerdo a la elaboración realizada por Dador para el Informe sobre Sexualidad y Derechos Humanos de ese país (Martínez, 2006), los resultados de encuestas realizadas en junio de 2002, 2003 y 2005 evidencian que la única situación en la cual los entrevistados se manifestaron a favor del aborto es el caso en el cual existe peligro de vida para la madre. En el resto de las situaciones planteadas (violación, problemas económicos, cuando un hombre abandona a una mujer, para evitar el nacimiento de niños con malformaciones, si la pareja tiene demasiados hijos, cuando la madre es adolescente), la mayoría de los entrevistados se manifestó en contra del aborto en las tres mediciones.

En España, Álvarez González y Aracil Rodríguez (2003: 99-113) analizan dos sondeos de opinión realizados en 1985 y en 1992, durante la aprobación de la ley parcial de despenalización y siete años después respectivamente. La ley despenalizó el aborto en los siguientes supuestos: a) ético, cuando el embarazo sea consecuencia de una violación; b) terapéutico, cuando el embarazo ponga en grave peligro la vida o la salud de la mujer; y c) eugenésico, ante la certeza de que el feto presenta graves defectos congénitos. En 1985, el 54% se encontraba muy de acuerdo con la despenalización, el 8% se encontraba muy en desacuerdo y el 38% se ubicó en la categoría "No sabe/ No contesta". En 1992, el 66% estaba de acuerdo pero se registró un aumento del desacuerdo (26%) respecto de la medición anterior así como una disminución de los casos ubicados en la categoría "No sabe/ No contesta" (8%). Cabe señalar que el aumento de los casos de desacuerdo está asociado a la demanda de que la ley incluya más situaciones de despenalización. De acuerdo a esos resultados, las autoras distinguen entre los "legalistas" (de acuerdo con la ley) y los "antilegalistas", y dividen este grupo entre los "proabortistas" (o sea los que critican la ley porque demandan más situaciones de despenalización) y los "antiabortistas" (o sea los entrevistados que están en desacuerdo con la ley y con el aborto). En coincidencia con los resultados locales, la mayoría desacuerda con la despenalización del aborto cuando los supuestos son de tipo económico (1985: 67% vs. 1992: 61%) y social (1992: 68%).

En el Estudio de Opinión Pública sobre aborto en Brasil, Chile, México y Nicaragua (Dides *et al.*, 2010), las autoras (2010: 2) señalan que "En los cuatro países existe un amplio consenso respecto a que el aborto es un problema grave en sí mismo. [...] Nicaragua es el país en donde el acuerdo sobre esto es mayoritario con un 87,1%, seguido por Chile con un 86,8%. Los dos países tienen como característica común que el aborto se encuentra totalmente penalizado. En Brasil y en México, el porcentaje de acuerdo fue del 82,1% y del 73,8% respectivamente".

Y concluyen que (2010: 7) "[...] se percibe un espacio no cubierto ni por las legislaciones vigentes ni por el debate ideológico que ha caracterizado la discusión sobre aborto a nivel mundial a través de las posturas dicotómicas 'pro-vida' y 'pro-elección' al no reflejar la posición de la mayoría de la población de los cuatro países estudiados. Asimismo, surge como un rasgo común en los cuatro países estudiados, la aspiración por una mayor flexibilidad en las actuales legislaciones penalizadoras del aborto y por una mayor participación en el debate y en las decisiones al respecto".

3. Dado el consenso estable a favor de los derechos sexuales y reproductivos observado en el análisis de datos secundarios, las pocas situaciones de disenso y el interés puesto en una mirada desde el espacio público no estatal, a través de nuevos interrogantes se buscó conocer el grado de importancia subjetiva asignado por la ciudadanía a los

temas sobre los cuales había manifestado sus opiniones de acuerdo o desacuerdo y que constituyen el foco de este estudio (VIH/sida [diferenciando VIH en general de prueba de VIH], aborto, anticoncepción de emergencia y fertilización asistida) y la representación de la importancia asignada por la sociedad. Uno de los motivos que guió esa indagación fue observar si la diferencia de posiciones entre la opinión personal y la representación del clima de opinión registrada sistemáticamente en los sondeos sobre aborto también se repetía en una nueva variable. También, en consonancia con nuestro interés en el análisis de los discursos sociales, se consultó a los entrevistados por la recordación de noticias de manera tal de conocer qué de las noticias emitidas por los medios, y en qué clave, es recuperado y recordado en la agenda de la ciudadanía (véase la ficha técnica en el Anexo II al final del artículo).

Seguidamente se desarrolla el análisis sobre el doble grado de importancia asignado y la recordación de noticias de cada tema en particular (véase Cuadro 3 al final del artículo). Respecto de este último tema cabe señalar que cincuenta personas no respondieron ninguna pregunta abierta sobre recordación de noticias de ninguno de los temas.

VIH/sida

El VIH/sida es el tema más importante para la ciudadanía y también es el que se considera que la sociedad considera más importante. Ello ocurre tanto con la referencia al VIH en general como al test en particular.

El 96% opina que el VIH/sida es un tema muy o bastante importante a nivel personal. Más aun, el 69%, más de la mitad de la muestra, se ubica en la categoría correspondiente al mayor nivel de importancia, especialmente quienes residen en la Ciudad de Buenos Aires (87%), las mujeres (78%) y las personas de 45 a 59 años (80%).

Una tendencia similar se había registrado en los primeros sondeos de opinión sobre VIH/sida respecto del grado de preocupación sobre el tema entre los habitantes de la Ciudad de Buenos Aires: las mujeres y las personas de 36 a 55 años fueron las más preocupadas (Petracci, 1994). En el estudio que nos ocupa, en una proporción algo menor, el 74% considera que es un tema muy o bastante importante para la sociedad. No se registran diferencias significativas.

Prueba de VIH/sida

El 95% opina que la prueba de VIH/sida es un tema muy o bastante importante a nivel personal. Más aun, el 65% se ubica en la categoría correspondiente al mayor nivel de importancia, especialmente quienes residen en la Ciudad de Buenos Aires (75%) y las personas de 45 a 59 años (81%). En una proporción algo menor, el 66% considera que es un tema muy o bastante importante para la sociedad. No se registran diferencias significativas.

Cincuenta personas (25% de la muestra) recordaron noticias. El tema por excelencia de esas noticias es la "prevención". Si bien con menciones exiguas, los entrevistados y las entrevistadas también se refirieron a noticias relacionadas con situaciones de estigma ("discriminación"), conocimiento científico médico y epidemiológico ("vacuna", "estadísticas", "drogas") e información sobre noticias provenientes de "congresos internacionales". Se incluyó a Fundación Huésped entre las recordaciones.

Aborto

El 85% opina que el aborto es un tema muy o bastante importante a nivel personal. El 51% se ubica en la categoría correspondiente al mayor nivel de importancia, especialmente quienes residen en la Ciudad de Buenos Aires (59%), las mujeres (64%), a medida que crece la edad (18-29: 34%, 30-44: 53%, 45-59: 56%, 60-74: 59%) y entre las personas de menores recursos económicos (67%). En una proporción algo menor, el 53% considera que es un tema muy o bastante importante para la sociedad, especialmente el grupo de 18 a 29 años (26%).

Cien personas (49% de la muestra) recuerdan noticias. Las dos noticias más mencionadas son las relacionadas con el debate instalado por la "Campaña por el Derecho al Aborto Seguro Legal y Gratuito" –si bien no se la menciona– y los casos de mujeres menores de edad "violadas" –si bien no se recuerdan detalles sobre cada caso en particular–. Cabe señalar que los relatos sobre noticias estuvieron exentos de manifestaciones contrarias a la interrupción voluntaria del embarazo.

Anticoncepción de emergencia

El 74% opina que la anticoncepción de emergencia es un tema muy o bastante importante a nivel personal. El 37% se ubica en la categoría correspondiente al mayor nivel de importancia, especialmente quienes residen en la Ciudad de Buenos Aires (57%). En una proporción algo menor, el 50% considera que es un tema muy o bastante importante para la sociedad, especialmente el grupo de 18 a 29 años (21%).

Treinta y siete personas (18% de la muestra) recordaron noticias. No hubo un tema central, se mencionaron noticias sobre "trastornos y beneficios" y se aclaró que en las noticias hay más referencias a los primeros. Además se mencionó la presencia en los mensajes de una asociación entre AHE y aborto, también señalada por Pecheny *et al.* (2010), quienes consideran que después de una relación sexual sin protección cualquier intervención es percibida por gran parte de la población como interrupción de la gestación.

Fertilización asistida

El 67% opina que la fertilización asistida es un tema muy o bastante importante a nivel personal. El 32% se ubica en la categoría correspondiente al mayor nivel de importancia, especialmente quienes tienen entre 30 y 44 años: 52%. En una proporción algo menor, el 43% considera que es un tema muy o bastante importante para la sociedad. No se registran diferencias significativas.

Cuarenta y cuatro personas (22% de la muestra) recordaron noticias, y se destacaron las referencias a "historias" personales y de pareja en la búsqueda de tener hijos, el papel de la "tecnología" en los embarazos y la información sobre "lugares de tratamiento".

Cierre abierto a futuras investigaciones

Los resultados evidencian, en primer lugar, la presencia de una ciudadanía autónoma que está de acuerdo con los derechos sexuales y reproductivos; y, en segundo lugar, que hay una correspondencia entre el grado de importancia temático asignado a título personal y la representación del grado de importancia asignado por la sociedad, esto es, los temas considerados más importantes son los que los entrevistados y las entrevistadas opinan que la sociedad considera más importantes. No obstante cabe señalar que la representación del grado de importancia atribuido a cada tema por la sociedad es siempre menor que el atribuido personalmente, como si se tratara de cuestiones cuya llegada estuviese más cerca de la resolución individual que de la movilización social.

En tercer término los resultados muestran que una mayoría evalúa "muy" o "bastante" importante a cada tema, en este orden: VIH/sida y prueba, aborto, anticoncepción de emergencia y fertilización asistida. Las evaluaciones más sólidas como consecuencia de la mayor proporción de entrevistados y entrevistadas ubicada en el punto más alto de la escala corresponden a los tres primeros temas señalados. Son un grupo de mujeres de todas las edades, pero especialmente mayores de 50 años, las que consideran que los cuatro temas son "muy" importantes.

La recordación de noticias aumenta cuanto más importante es el tema. Finalmente una categorización de las noticias recordadas muestra que hay categorías propias de cada tema y otras compartidas. Entre las primeras podemos mencionar: información científica (VIH); tecnología (fertilización asistida), aborto (anticoncepción de emergencia), discriminación (VIH), debate político (aborto) y referencias institucionales (VIH). Entre las segundas podemos mencionar a la casuística (en aborto y fertilización asistida) y la información práctica (en anticoncepción de emergencia y fertilización asistida).

Si el análisis sistemático de un conjunto de investigaciones empíricas de opinión pública es un aporte riguroso para robustecer argumentos y ofrecer evidencias en la disputa política y cultural del debate público, la continuidad de la reflexión teórica y la elaboración de nuevos diseños de investigación empírica permitirán un aporte cada vez más enriquecedor.

Referencias bibliográficas

Álvarez González, M. y Rodríguez, E.A. (eds.), 2003, "La opinión pública española sobre el aborto", en Aracil Rodríguez, E., Bastida- González, E., González Pérez, G. y Vega López, M., 2003, *Género y población. Una perspectiva internacional*, Madrid: Ibersaf Editores.

Babbie, E., 1996, *Manual para la práctica de la investigación social*, España: Desclée de Brouwer.

CEDES, 2004, "Opinión pública sobre salud y derechos sexuales y reproductivos", *Resumen Ejecutivo*, Buenos Aires.

CEDES/ CELS/ FEIM, 2003, *Resumen ejecutivo encuesta de opinión pública sobre salud y derechos sexuales y reproductivos*, Buenos Aires.

Cohen, S., 1994, "Encuestas de opinión pública sobre el aborto en México", en Ortiz Ortega, A. (ed.), 1994, *Razones y pasiones en torno al aborto. Una contribución al debate*, México: EDAMEX, S.A. de C.V. y The Population Council.

Dides, C., 2006, *Sexualidad y derechos humanos: el caso chileno. Informe presentado en la reunión sobre Sexualidad y Derechos Humanos*, CLAM, Buenos Aires, julio de 2006.

Dides C., C., Benavente R, M.C., y Sáez A., I., 2010, *Principales resultados. Estudio de Opinión Pública sobre Aborto. Brasil, Chile, México y Nicaragua*, Serie Documentos Electrónicos Nro. I, octubre de 2010, Programa Inclusión Social y Género, FLACSO, Chile.

García, S., Yam, E. y Dries-Daffner, I., 2005a, "Estudios de opinión sobre el aborto en América Latina y el Caribe (ALC)", Póster presentado en la II Reunión de investigación sobre embarazo no deseado y aborto inseguro, México DF, del 17 al 19 de agosto de 2005.

García, S., Yam, E. y Dries-Daffner, I., 2005b, *Una revisión de estudios de opinión sobre aborto en América Latina y el Caribe (ALC): Resultados preliminares*, Presentado en II Reunión de investigación sobre embarazo no deseado y aborto inseguro, México DF, del 17 al 19 de agosto de 2005.

GIRE, 2010, http://www.gire.org.mx/contenido.php?informacion=222)

Irrazábal, G., 2010, "El derecho al aborto en discusión: la intervención de grupos católicos en la comisión de salud de la Legislatura de la Ciudad de Buenos Aires", *Sociologias,* Porto Alegre, año 12, N° 24, mayo-agosto de 2010, pp. 308-336.

Llovet, J.J., 1998, "Salud reproductiva y sexualidad: el Estado, la sociedad civil y otros actores sociales", *Desarrollo*

Económico, vol. 38, Nº 150, julio-septiembre de 1998, Buenos Aires.

Mallimacci, F., 2008, "Primera Encuesta sobre Creencias y Actitudes religiosas en Argentina", Buenos Aires, 26 de agosto de 2008.

Martínez, P., 2006, *Sexualidad y derechos humanos: el caso peruano. Informe presentado en la reunión sobre Sexualidad y Derechos Humanos*, CLAM, Buenos Aires, julio de 2006.

MORI, 2004, Encuesta realizada por Equipos MORI en abril de 2004, Campaña televisiva de información a la población realizada por la Coordinación de Organizaciones Sociales por la Defensa de la Salud Reproductiva, 3 y 4 de mayo de 2004.

Muraro, H., 1997, *Políticos, periodistas y ciudadanos*, Buenos Aires: Fondo de Cultura Económica.

Pecheny, M., Andía, A., Ariza, L., Brown, J., Epele, M., Luciani Conde, L., Mario,S. y Tamburrino, M.C., 2010, *Anticoncepción después de... Barreras a la accesibilidad a la anticoncepción de emergencia en la Argentina*, Buenos Aires: Teseo.

Petracci, M., 2004, *Salud, derechos y opinión pública*, Buenos Aires: Grupo Editorial Norma.

Petracci, M., 2005, *El estado del arte de los estudios de opinión pública sobre salud y derechos sexuales y reproductivos en América Latina: Insumos para una estrategia de advocacy*, Informe preparado para UNFPA, Argentina.

Public Agenda, http://www.publicagenda.org.

Ramos, S., Gogna, M., Petracci, M., Romero, M. y Szulik, D., 2001, *Los médicos frente a la anticoncepción y el aborto. ¿Una transición ideológica?*, Buenos Aires: CEDES.

Shaw, G., 2003, "Abortion", *Public Opinion Quarterly*, Vol. 67, pp. 407-429.

Cuadro 1. Resumen hallazgos de los estudios transversales: % muy + bastante de acuerdo

	1991 (n: 420) %	1992 (n:200) %	1994 (n: 200) %	1996 (n:101) %	1998 (n: 400) %	2003 (n: 303) %	2004 (n: 300) %	2004 (n:1591) %	2006 (n: 500) %
Autodeterminación sexual y reproductiva	-	-	96	-	-	97	91	91	95
DIU	-	-	-	-	-	91	-	-	-
Ligadura tubaria	-	-	-	-	-	91	88	-	86
Anticoncepción de emergencia	-	-	-	-	-	91	88	-	-
Dar información sobre anti-concepción a adolescentes de 12 a 14	-	-	-	-	-	99	97	-	93
Proveer anticonceptivos en los servicios de salud a adolescentes de 12 a 14	-	-	-	-	-	93	95	-	87
Que adolescentes de 12 a 14 consulten servicios de salud sin presencia de los padres	-	-	-	-	-	69	67	-	55
Dar información sobre anti-concepción a adolescentes de 15 a 17	-	-	-	-	-	100	100	-	98

Proveer anticonceptivos en los servicios de salud a adolescentes de 15 a 17	–	–	–	–	–	98	98	–	96
Que adolescentes de 15 a 17 consulten servicios de salud sin presencia de los padres	–	–	–	–	–	85	78	–	77
Incorporación educación sexual en escolaridad secundaria	–	–	99	–	–	99	98	–	98
Incorporación educación sexual en escolaridad primaria	–	–	85	–	–	89	92	–	89
La educación sexual contribuye a que los y las jóvenes tengan una vida sexual más responsable y segura	–	–	–	–	–	97	97	–	95
Implementar campañas de prevención del VIH/sida dirigidas a la población adolescente con distribución de preservativos por el Estado	–	–	–	–	–	98	96	–	95
Libertad para elegir orientación sexual	–	–	–	–	–	–	86	83* 82**	88

* Dato referido a mujeres.
** Dato referido a varones.

Cuadro 2. Resumen hallazgos de los estudios transversales: % muy + bastante de acuerdo

	1991 (n: 420) %	1992 (n:200) %	1994 (n: 200) %	1996 (n:101) %	1998 (n: 400) %	2003 (n: 303) %	2004 (n: 300) %	2004 (n:1591) %	2006 (n: 500) %
ABORTO VOLUNTARIO									
Acuerdo con la despenalización del aborto	-	-	57	-	-	-	63	44	62
Si una mujer quedó embarazada debido a una violación	-	-	75	-	-	81	86	76	82
Si una mujer demente o discapacitada mental quedó embarazada debido a una violación	-	-	-	-	-	88	91	80	89
Si una menor de quince años quedó embarazada debido a una violación	-	-	-	-	-	82	89	73	83
Si el feto tiene una malformación incompatible con la vida extrauterina	-	-	49	-	-	84	84	69	83
Si la vida de la mujer corre peligro debido al embarazo o al parto	-	-	46	-	-	81	84	65	83

Si la salud física de la mujer corre peligro debido al embarazo o al parto	–	–	–	–	–	72	78	60	79
Si la salud mental de una mujer corre peligro debido al embarazo o al parto	–	49	–	–	–	58	72	57	70
Si la mujer no quiere tener un hijo en ese momento de su vida	–	6	–	–	–	28	34	19	37
Si la mujer quedó embarazada porque falló el método anticonceptivo	–	19	–	–	–	25	31	18	36
Si la mujer y su familia carecen de recursos económicos para criar a un hijo o una hija	–	29	–	–	–	29	39	22	44

Cuadro 3. Grado de importancia asignado y representación
del grado de importancia que la sociedad asigna al VIH/
sida, a la prueba de VIH/sida, al aborto, a la anticoncepción
de emergencia y a la fertilización asistida. 2010.

	Grado de importancia asignado por cada entrevistado o entrevistada	Representación del grado de importancia que la sociedad asigna
VIH/sida		
Muy importante	69	20
Bastante importante	27	54
MUY + BASTANTE	**96**	**74**
Poco importante	2	22
Nada importante	-	-
No sabe/no contesta	1	4
Total	100	100
Base	204	204
PRUEBA DE VIH/sida		
Muy importante	65	17
Bastante importante	30	49
MUY + BASTANTE	**95**	**66**
Poco importante	2	27
Nada importante	2	2
No sabe/no contesta	2	5
Total	100	100
Base	204	204
ABORTO		
Muy importante	51	19
Bastante importante	34	34
MUY + BASTANTE	**85**	**53**
Poco importante	8	34
Nada importante	6	2
No sabe/no contesta	2	12
Total	100	100

	Grado de importancia asignado por cada entrevistado o entrevistada	Representación del grado de importancia que la sociedad asigna
Base	204	204
ANTICONCEPCIÓN DE EMERGENCIA		
Muy importante	37	13
Bastante importante	37	37
MUY + BASTANTE	**74**	**50**
Poco importante	15	32
Nada importante	9	10
No sabe/no contesta	3	9
Total	100	100
Base	204	204
FERTILIZACIÓN ASISTIDA		
Muy importante	32	7
Bastante importante	35	36
MUY + BASTANTE	**67**	**43**
Poco importante	19	37
Nada importante	10	11
No sabe/no contesta	4	8
Total	100	100
Base	204	204

Anexo I – Fichas técnicas: consideraciones metodológicas y técnicas correspondientes al análisis de datos secundarios

1991: Petracci, M. Encuesta sobre Conocimientos, Actitudes, Opiniones y Comportamientos en VIH/sida

Ámbito: Ciudad de Buenos Aires
Técnica: encuesta domiciliaria cara a cara
Universo: población de 15 años y más
Muestra: 420 casos
Muestreo: representativo, polietápico, con selección de conglomerados al azar y de hogares dentro de cada conglomerado también al azar. El entrevistado o la entrevistada final fue seleccionado según cuotas de sexo y edad.
Márgenes de error: +/- 4.78% para un nivel de confianza del 95% y p=q=50% en estimaciones globales
Fecha de realización del trabajo de campo: julio de 1991

1992: Estudio del Consejo Nacional de la Mujer, Directora Lic. Virginia Franganillo

Ámbito: Ciudad de Buenos Aires
Técnica: encuesta domiciliaria cara a cara
Universo: población femenina de 15 años y más
Muestra: 200 casos
Muestreo: representativo, polietápico, con selección de conglomerados al azar y de hogares dentro de cada conglomerado también al azar. La entrevistada final fue seleccionada según cuotas de edad. Márgenes de error: +/- 6,9% para un nivel de confianza del 95% y p=q=50% en estimaciones globales
Fecha de realización del trabajo de campo: de septiembre a octubre de 1992
Trabajo de campo: Consultora *Telesurvey* S.R.L. Marketing y Opinión Pública

1994: Petracci, M. Estudio del Consejo Nacional de la Mujer, Directora Lic. Virgina Franganillo

Ámbito: Ciudad de Buenos Aires y Gran Buenos Aires
Técnica: encuesta domiciliaria cara a cara
Universo: población femenina de 18 años y más
Muestra: 200 casos
Muestreo: representativo, polietápico, con selección de conglomerados al azar y de hogares dentro de cada conglomerado también al azar. La entrevistada final fue seleccionada según cuotas de edad. Márgenes de error: +/- 6,9% para un nivel de confianza del 95% y p=q=50% en estimaciones globales
Fecha de realización del trabajo de campo: del 5 al 8 de julio de 1994
Trabajo de campo y análisis: Consultora *Telesurvey* S.R.L. Marketing y Opinión Pública

1996: Petracci, M. "SIDA: medios de comunicación y opinión pública", Programación Científica UBACyT 1995-1997

Ámbito: Ciudad de Buenos Aires
Técnica: encuesta telefónica
Universo: población de 18 años y más
Muestra: 101 casos
Muestreo: al azar. El entrevistado o la entrevistada final fue seleccionado según cuotas de sexo y edad de manera proporcional a la distribución de la población. Márgenes de error: +/- 9.75% para un nivel de confianza del 95% y p=q=50% en estimaciones globales
Fecha de realización del trabajo de campo: del 20 de febrero al 8 de abril de 1998

1998: Petracci, M. "La formación de las opiniones públicas en diferentes escenarios político-sociales: político, el arancelamiento de la universidad pública y la despenalización del aborto", Programación Científica UBACyT 1998-2000

Ámbito: Ciudad de Buenos Aires

Técnica: encuesta telefónica

Universo: población de 18 años y más

Muestra: 400 casos

Muestreo: al azar. El entrevistado o la entrevistada final fue seleccionado según cuotas de sexo y edad de manera proporcional a la distribución de la población. Márgenes de error: +/- 4,9% para un nivel de confianza del 95% y p=q=50% en estimaciones globales

Fecha de realización del trabajo de campo: julio de 1998.

2003: Estudio de tres organizaciones no gubernamentales: CEDES (Centro de Estudios de Estado y Sociedad); CELS (Centro de Estudios Legales y Sociales); Fundación Estudios e Investigación sobre la Mujer[10]

Ámbito: Ciudad de Buenos Aires y Gran Buenos Aires

Técnica: encuesta domiciliaria cara a cara, con consentimiento informado

Universo: población de 18 años y más

Muestra: 303 casos

Muestreo: representativo, polietápica con probabilidad proporcional al tamaño en la selección de los hogares. El entrevistado o la entrevistada final fue seleccionado según cuotas de sexo y edad. Márgenes de error: entre +/- 5.67% para un nivel de confianza del 95% y p=q=50% en estimaciones globales

Trabajo de campo: del 31 de julio al 6 de agosto de 2003.

Consultora: kNACk

---

[10]   Participé como Investigadora.

2004: CEDES (Centro de Estudios de Estado y Sociedad)[11]

Ámbito: Ciudad de Buenos Aires y Gran Buenos Aires
Técnica: encuesta domiciliaria cara a cara, con consentimiento informado
Universo: población de 18 años y más
Muestra: 300 casos
Muestreo: representativo, polietápica con probabilidad proporcional al tamaño en la selección de los hogares. El entrevistado o la entrevistada final fue seleccionado según cuotas de sexo y edad. Márgenes de error: +/-% 4.9 para distribuciones de máxima varianza, para un nivel de confianza del 95% y p=q=50% en estimaciones globales
Trabajo de campo: del 14 al 21 de julio de 2004. Consultora: kNACk

2004: Fundación F. Ebert, Estudio Nacional de Opinión Pública: Derechos Reproductivos, Aborto y Violencia Sexual[12]

Ámbito: nacional
Técnica: encuesta domiciliaria cara a cara, con consentimiento informado
Universo: población de 16 años y más en localidades de más de 30.000 habitantes en todo el país
Muestra: 1.591 casos
Muestreo: representativo, polietápico y estratificado. Selección aleatoria de radios censales y de hogares con cuotas de edad y sexo en la selección del entrevistado. Márgenes de error: +/- 2.45 en casos de máxima dispersión, para un nivel de confianza del 95% y p=q=50% en estimaciones globales

---

[11]   Participé como Investigadora.
[12]   No participé en esta investigación, me fue facilitado el *powerpoint* de presentación de resultados. Fue incluida por tratarse de un estudio nacional.

Trabajo de campo: del 27 de octubre al 12 de noviembre de 2004. Campo y análisis: Consultora: kNACk

2006: CEDES (Centro de Estudios de Estado y Sociedad)[13]

Ámbito: Ciudad de Buenos Aires y Gran Buenos Aires, Córdoba, Rosario y Mendoza
Técnica: encuesta domiciliaria cara a cara, con consentimiento informado
Universo: población de 18 años y más
Muestra: 500 casos
Muestreo: representativo, polietápica con probabilidad proporcional al tamaño en la selección de los hogares. Selección aleatoria de radios censales y de hogares y por cuotas de edad y sexo en la selección del entrevistado. Márgenes de error: +/-% 4.38 para distribuciones de máxima varianza, para un nivel de confianza del 95% y p=q=50% en estimaciones globales
Trabajo de campo: del 29 de julio al 16 de agosto de 2006.
Consultora: Equipos MORI Argentina

---

[13]   Participé como Investigadora.

Anexo II – Ficha técnica: consideraciones metodológicas y técnicas correspondientes al análisis de datos primarios

2010: Petracci, M. UBACyT CS025

Ámbito: Ciudad de Buenos Aires y Gran Buenos Aires
Técnica: encuesta telefónica con consentimiento informado
Universo: población de 18 años y más
Muestra: 204 casos
Muestreo: El entrevistado o la entrevistada final fue seleccionado según cuotas de sexo y edad de manera proporcional a la distribución de la población. Márgenes de error: +/- 6.9% para un nivel de confianza del 95% y p=q=50% en estimaciones globales
Trabajo de campo: del 19 al 28 de julio al 16 de agosto de 2010.

Derechos sexuales y reproductivos en la agenda de las mujeres de la Ciudad de Buenos Aires

Mónica Petracci, Marina Mattioli y Cecilia Straw

Introducción

En este artículo se analizan la agenda, las opiniones y los argumentos, y las prioridades sobre derechos sexuales y reproductivos de un sector de la opinión pública de nuestro país –las mujeres mayores de 18 años de edad residentes en la Ciudad de Buenos Aires– a través de un estudio cualitativo. Se parte del supuesto de la presencia de los temas de derechos sexuales y reproductivos en la agenda de las mujeres. Monzón (1996: 266) diferencia las agendas en "pública ciudadana" ("todos aquellos temas que el público considera de dominio común, de referencia pública o que reflejan los distintos estados de la opinión pública") y en "político institucional" ("conjunto de temas que preocupan mayoritariamente a cualquier institución y que tiene presente en relación a sus intereses y toma de decisiones").

Indagar en la agenda pública ciudadana se justifica tanto por la profundización del conocimiento de la opinión pública como por los vínculos a establecer entre los hallazgos de las investigaciones y las diferentes etapas de las políticas públicas; propicia la toma de decisiones políticas basada en la evidencia empírica; permite definir los problemas públicos con mayor precisión y consenso entre actores y diseñar y/o redefinir políticas públicas desde la perspectiva de los actores (Petracci, 2003; Sunkel, 1992).

El artículo está organizado en cuatro secciones: "Introducción", "Metodología", el capítulo analítico "La agenda pública ciudadana de las mujeres: una mirada a partir de grupos focales" y "Conclusiones".

Metodología

Se realizó un estudio cualitativo de opinión pública mediante grupos focales que permiten explorar un tema a partir de la interacción (Kitzinger, 1994; Petracci, 2004). Dada la controversia alrededor de los derechos sexuales y reproductivos, consideramos que el grupo focal propiciaría explorar la agenda ciudadana de las mujeres, las opiniones y los cambios de posturas.

Respecto de la planificación, se realizaron seis grupos focales, conformados por seis participantes cada uno, en noviembre de 2008. Para la segmentación de los grupos focales se consideraron los siguientes criterios que se sintetizan en el Cuadro 1:

Edad: la variable fue categorizada en tres cortes temporales (18-35; 36-50; 51 y más). En la conformación de cada grupo se controló la variabilidad de cada franja etaria;

Zona de residencia en la Ciudad Autónoma de Buenos Aires (CABA): la variable fue categorizada en dos cortes: norte y sur. Dentro de la zona norte se incluyeron las comunas 2 (Recoleta), 13 (Nuñez, Belgrano y Colegiales) y 14 (Palermo); dentro de la zona sur las comunas 4 (Boca, Barracas, Parque Patricios, Nueva Pompeya) y 8 (Villa Soldati, Villa Riachuelo, Villa Lugano);

Nivel socioeconómico: en la zona norte se lo consideró alto y medio alto, y en la zona sur, bajo. Para asegurar una identificación más precisa del nivel socioeconómico de cada participante se controlaron en la selección las siguientes variables: nivel educativo del Principal Sostén del Hogar

(PSH), situación laboral del PSH, cantidad de bienes en el hogar, posesión de auto (marca y modelo), nivel educativo de la entrevistada (en los casos que no era PSH), situación laboral de la entrevistada y cobertura de salud. Además, se tomó como variable *proxy* el nivel educativo de las participantes dada la correlación entre los niveles socioeconómico y educativo; los términos "socioeconómico" y "socioeducativo" son usados indistintamente.

Cuadro 1. Distribución de la muestra de grupos focales

	Nivel socioeducativo alto	Nivel socioeducativo bajo	Total
18 a 35 años	1	1	2
36 a 50 años	1	1	2
51 años y más	1	1	2
Total	3	3	6

La duración promedio de cada grupo fue dos horas. Participaron dos moderadoras (una coordinadora y una observadora). El material relevado fue grabado, luego se procedió a su transcripción y posterior codificación por pregunta y grupo.

La agenda pública ciudadana de las mujeres: una mirada a partir de grupos focales

Esta sección se divide en dos partes. En primer lugar se presenta, para cada grupo, la caracterización sociodemográfica (edad, situación de pareja, nivel educativo, número de hijos e hijas, situación laboral y cobertura de salud) y una breve descripción de las pautas de interacción durante la dinámica grupal (participación, clima de acuerdo o desacuerdo de opiniones, presencia de liderazgos, competencia entre las participantes y con la coordinación del grupo). En segundo término, en "Las mujeres debaten su agenda pública ciudadana de derechos sexuales y reproductivos: temas, prioridades, posiciones y argumentos", se analizan los temas de derechos sexuales y reproductivos presentes en la agenda de las mujeres a partir del modo en que fueron introducidos en la discusión (guiado o espontáneo) y del tipo de aparición en los grupos (en todos, en algunos o en grupos específicos).

Caracterización sociodemográfica y pautas de interacción de cada grupo focal

Grupo 18-35, zona norte, secundario completo y más

Según edad, una tenía menos de veinte años, tres estaban en la década de los veinte y dos en la de los treinta. Tres eran solteras sin pareja y tres estaban en pareja. Cuatro alcanzaron nivel universitario incompleto y dos, universitario completo. El número promedio de hijos e hijas era 0,5. Tres tenían trabajo regular remunerado fuera del hogar, una era ama de casa y dos, estudiantes. Todas atendían su salud a través de medicina prepaga. Respecto de la interacción, las participantes trabajaron activamente en un clima distendido, primó el acuerdo en las opiniones, no hubo liderazgos ni competencia entre las participantes ni respecto de la coordinación.

Grupo 36-50, zona norte, secundario completo y más

Según edad, tres tenían entre treinta y seis y cuarenta años, y tres entre cuarenta y uno y cincuenta. Cuatro eran casadas y dos separadas. Dos participantes tenían nivel terciario completo, tres universitario completo y una postgrado. El número promedio de hijos era 1,8. Tres trabajaban en forma regular fuera del hogar y tres eran amas de casa. Las seis manifestaron atender su salud a través de medicina prepaga. Respecto de la interacción, fue el grupo que trabajó más activamente, con una alta y pareja participación de todas las integrantes. Si bien el clima fue de acuerdo de opiniones y distendido, en algunas cuestiones hubo desacuerdo de opiniones. No hubo liderazgos. Tampoco hubo competencia entre las participantes, ni hubo competencia con la coordinación.

Grupo 51 y más, zona norte, secundario completo y más

Según edad, cinco participantes tenían entre cincuenta y uno y sesenta años, y una más de sesenta. Tres manifestaron estar en pareja y tres casadas. Dos participantes tenían nivel terciario completo, una, universitario incompleto, dos completaron la universidad y una tenía postgrado. El número promedio de hijos era 2,8. Cuatro trabajaban en forma regular fuera del hogar y dos eran amas de casa. Cinco manifestaron atender su salud por medicina prepaga, sólo una por obra social. Respecto de la interacción, todas las participantes trabajaron activamente. Si bien no hubo liderazgos, hubo competencia entre las participantes y falta de tolerancia para escucharse. Fue un clima competitivo, incluso hubo competencia con la coordinación, basada en la discusión sobre la formulación de algunas consignas.

Grupo 18-35, zona sur, hasta secundario incompleto

Según edad, una participante tenía menos de veinte años, tres tenían entre veinte y treinta años, y dos entre treinta y uno y treinta y cinco. Dos eran solteras sin pareja y cuatro estaban en pareja. Todas tenían secundario incompleto. El número promedio de hijos era 1. Sólo una de las participantes trabajaba en forma regular, dos lo hacían en forma esporádica, dos eran amas de casa y una manifestó estar desocupada. Tres manifestaron atender su salud en el hospital público, una en el PAMI, Instituto Nacional de Obras Sociales para Jubilados y Pensionados, una en el hospital público y por obra social, y una en la sala del barrio. Respecto de la interacción, el grupo trabajó activamente en un clima de acuerdo de opiniones. Una de las mujeres más participativas lideró la reunión. Fue el único grupo que tuvo claramente "una voz cantante". No hubo competencia entre las participantes. Tampoco hubo competencia con la coordinación.

Grupo 36 a 50, zona sur, hasta secundario incompleto

Según edad, dos participantes tenían entre treinta y seis y cuarenta, tres entre cuarenta y uno y cuarenta y nueve, y una cincuenta. Dos manifestaron estar solteras, dos en pareja y dos casadas. Dos tenían nivel primario completo, cuatro secundario incompleto. El número promedio de hijos era 1,8. Dos trabajaban en forma regular, una trabajaba esporádicamente, dos eran amas de casa y una manifestó estar desocupada. Cinco manifestaron concurrir al hospital público para atender su salud y una al hospital público y a través de la obra social. Respecto de la interacción, el grupo trabajó activamente en un clima de acuerdo de opiniones. No hubo liderazgos. Hubo competencia entre las participantes, incluso comentarios agresivos entre ellas. No hubo competencia con la coordinación.

Grupo 51 y más, zona sur, hasta secundario incompleto

Según edad, cinco participantes tenían entre cincuenta y uno y sesenta años, una más de sesenta. Una manifestó estar en pareja, cuatro casadas y una separada. Tres tenían nivel primario completo y tres secundario incompleto. El número promedio de hijos era 3. Una trabajaba en forma regular, tres lo hacían en forma esporádica y dos eran amas de casa. Tres concurrían al hospital público, una a la obra social, una a través del PAMI, Instituto Nacional de Obras Sociales para Jubilados y Pensionados, y una se atendía en el hospital y por la obra social. Respecto de la interacción, el grupo trabajó activamente en un clima de acuerdo de opiniones. Algunas fueron más participativas que otras.

No hubo liderazgos. Tampoco hubo competencia entre las participantes ni con la coordinación.

En síntesis, la interacción no siguió una pauta definida ni interfirió en el desarrollo de los grupos focales. La discusión grupal fue fluida y favoreció el debate a través de una dinámica marcada por el interés en expresar ideas y opiniones sobre los temas. No se produjeron cambios de opinión como consecuencia de la interacción.

Las mujeres debaten su agenda pública ciudadana de derechos sexuales y reproductivos: temas, prioridades, posiciones y argumentos

Sólo salud y derechos sexuales y reproductivos fue un tema guiado por la coordinación del grupo. El resto fue mencionado de manera espontánea por las participantes de todos los grupos (aborto), algunos grupos (violencia sexual y masculinidades y femineidades) y grupos específicos (educación sexual, fertilización asistida y anticoncepción hormonal de emergencia).

En el análisis de cada uno de los temas se recuperaron las opiniones de las mujeres para comprender los argumentos, los valores y los sentidos en las que esas opiniones se asientan, y por otra parte, los consensos y las controversias en el interior de cada grupo o entre los diferentes grupos focales. La transcripción de las palabras de las participantes –*verbatim*– buscó recuperar la discusión del grupo focal excepto cuando primó el consenso en todos los grupos, caso en el cual se eligió la frase más representativa para incorporar al texto.

▶ Único tema guiado: salud y derechos sexuales y reproductivos

Frente a la frase "El Estado debe garantizar que varones y mujeres puedan elegir cuántos hijos o hijas tener y cuándo", a la que todos los grupos respondieron por tratarse de una pregunta guiada, hubo una doble respuesta: por un lado una repregunta que mezclaba asombro e incomprensión y, por el otro, fue inequívoca la asociación del término "garantizar" con control estatal, en este caso de la política de natalidad, y se tomó como ejemplo el caso chino.

Participante 1: *¿Cómo? No entiendo, que garantice..., ¿como en China, que los matan?... No entiendo.*

Participante 3: *Es por una cuestión de espacio.*

Participante 5: *No, no los matan, los echan del país.*

Participante 3: *La cantidad te la podría discutir, y eso tiene que ver con una cuestión de cómo se proyectaron los servicios. Hoy está desbordando, hoy vivimos en el hacinamiento. Entonces tiene que haber un control de la natalidad, o ver de qué manera los servicios se acomodan al crecimiento poblacional.*

18 a 35, zona norte, secundario completo y más

Participante 3: *¿Qué significa que te deba garantizar?*

Participante 2: *Que el Estado te pueda garantizar la salud, el trabajo...*

Participante 3: *Ahí empieza a jugar el límite del Estado...*

36 a 50, zona norte, secundario completo y más

Participante 4: *Como en Japón o en China, que te dicen cuántos hijos tener.*

36 a 50, zona sur, hasta secundario incompleto

Participante 2: *¿Y la libertad?*

Participante 5: *Estamos en el límite de la prohibición... No entiendo la pregunta porque es capciosa, ¿qué es garantizar?*

51 y más, zona norte, secundario completo y más

Participante 3: *¿La libertad de tener hijos?*

51 y más, zona sur, hasta secundario incompleto

El énfasis y el equívoco de las participantes en la interpretación del término "garantizar" podrían ser atribuidos a que, precisamente, aparece en la frase el "Estado" como sujeto de la acción, y el mismo fue asociado con la idea de control y planificación, más la primera que la segunda. Una vez aclarado que es el Estado, en definitiva, quien debe brindar la garantía, las participantes no pusieron en duda su acuerdo con el involucramiento del Estado en la salud reproductiva entre otros temas. No obstante, las mujeres de los grupos de alto nivel socioeconómico exhibieron dos tipos de comentarios sobre las acciones que debería desarrollar el Estado: para algunas, que el Estado garantice derechos fue concebido como un ideal que tiende a la libertad de elección; para otras, garantizar fue entendido como la obligación del Estado de intervenir en sectores de menores recursos o sectores localizados regionalmente en el interior del país.

Participante 3: *Así sí, definitivamente creo que el Estado tiene que estar completamente involucrado en estas cuestiones, en ésta y en otras que tienen que ver con la salud, con la educación, con el trabajo.*

Participante 1: *Porque si vos no tenés información, las cosas te llegan y no las elegís, te pasan, te suceden... pero la realidad es una en Capital Federal por el acceso a la información, el tipo de información y la forma en que el Estado está presente, y no es la misma, a mi entender, que en el interior o en otros lugares que no son capital de la provincia.*

18 a 35, zona norte, secundario completo y más

Participante 6: *A mí me parece que tiene que intervenir depende la clase social. Si tenés una familia que la podés mantener y todo, ¿por qué me vas a decir que puedo tener*

dos, si quiero tener cinco y los puedo mantener? Pero
una persona que no trabaja, que levanta cartones, que
esto y el otro, vos no le podés permitir que tenga cinco.

Participante 2: *Tiene que garantizar la libre elección,*
dice. Dice garantizar, que vos hagas lo que quieras...
no dice que el Estado tiene que intervenir sino si debe
garantizar que formes tu familia como quieras. Sí, ga-
rantizar como tienen en Europa, subsidios, esto y lo
otro, y además tenés que dar información, métodos
anticonceptivos, es bajar el nivel de ignorancia. Sería
lo ideal que el Estado se ocupe de esos temas.

Participante 3: *Ahí ella tiene razón, si se empieza a*
reproducir la gente de las villas que son los que más se
reproducen, vamos a tener más violencia...

Participante 6: *Es que eso es lo que nos pasa, lamenta-*
blemente es así...

Participante 3: *Si el Estado les está garantizando a ellos*
un montón de cosas, como el Plan Trabajar...

Participante 1: *Ellos tienen la libido a flor de piel, en-*
tonces hijos, hijos, hijos...

Participante 3: *Pero si vos tenés al Estado, que cada hijo*
que tengas va a tener el colegio pago, eso....

Participante 1: *Si ni piensan en mandarlos al colegio*
muchos, no saben ni lo que es un método anticonceptivo.

Participante 6: *Yo creo que hay que ayudar a esa gente*
a que pueda pensar, que la verdad no los pueden man-
tener... Hay que buscar la forma de cómo te enseño a
que vos te des cuenta.

36 a 50, zona norte, secundario completo y más

El rol del Estado despertó un amplio consenso respecto
de las funciones que debe atender, aunque algunas participantes expresaron opiniones diferentes sobre aspectos de
las políticas públicas. Hubo consenso en que el Estado se
ocupe del trabajo, de la educación y de la salud. También
hubo unanimidad respecto de que el Estado se encargue de

la salud sexual y reproductiva. En cuanto a los matices, de acuerdo a las opiniones de las participantes de mayor nivel socioeducativo, la provisión de métodos anticonceptivos, la información y la educación sexual son las herramientas que tiene el Estado para garantizar que varones y mujeres puedan elegir cuántos hijos o hijas tener y cuándo. También las participantes de los grupos de mayor nivel educativo resaltaron dos aspectos específicos de la implementación de la política pública de salud reproductiva. Aunque con diferentes argumentos y/o énfasis, sostuvieron que las acciones del Estado deben focalizarse en sectores sociales con menores recursos, dado que ellas descreen de la capacidad de esos sectores sociales para decidir sobre su vida reproductiva, su responsabilidad sobre la misma y las condiciones sociales y económicas para afrontarla; asumen como un hecho la presencia de un impulso sexual diferente según clase social. También consideraron que la política de derechos sexuales y reproductivos debería enfatizarse en el interior del país dada la falta de información que tienen en algunas zonas del interior en comparación con la circulante en la Ciudad de Buenos Aires.

Una opinión diferente sobre el rol del Estado plantearon las participantes del grupo de 36 a 50 años, de zona sur y de nivel socioeconómico bajo. Para estas mujeres, el Estado debería proveer –prioritariamente– educación a la población, porque si disponen de ella las personas pueden tomar decisiones sobre su vida reproductiva.

Participante 1: *El Estado debe garantizar la educación, si vos educás a la persona y la ayudás a entender y evaluar cómo puede construir una vida desde todos los lugares, entonces esa persona no va a necesitar que el Estado le garantice la contextura de una familia. Pero si vos necesitás que la gente sea bruta para que te siga y se pase la vida esperando la zapatilla izquierda porque solamente le diste la derecha, esa gente va a tener toneladas de hijos y después el resto de la sociedad no se lo va a entender. [...] Lo único que hace esa gente es "poseer hijos" [enfatiza], concepto que mucha gente no entiende. El Estado debería garantizar educación, de varones y mujeres. Una persona educada puede elegir, no le tiene que decir el Estado cuántos hijos tener, yo sé cuántos hijos tener.*

36 a 50, zona sur, hasta secundario incompleto

Respecto del acuerdo con la política pública de salud sexual y reproductiva, fue más fuerte entre las mujeres de todas las edades residentes en zona sur que entre las mujeres de zona norte. También las primeras manifestaron más conocimiento de las acciones que se vienen implementando en la Ciudad de Buenos Aires a partir de la implementación del Programa de Salud Sexual y Reproductiva (Ley 418/00).

Participante 2: *Hay muchas campañas entregando a la gente el preservativo, se hizo esto de que la mujer elija si quiere DIU, anticonceptivo o lo que la mujer elija según lo que el médico valore que es mejor para su cuerpo; te lo dan gratuito, por tu obra social o por el hospital y si no querés DIU te dan anticonceptivos; eso es bueno. De alguna manera el Estado se preocupó, dar te lo da. Hay mucha gente que por ahí ni lo conoce, pero dar te lo da.*

18 a 35, zona sur, hasta secundario incompleto

Participante 4: *Sí, están en los hospitales los carteles grandes, en las salas [...] también tiene el DIU que se lo pone gratis ahora.*

51 y más, zona sur, hasta secundario incompleto

La política pública de salud sexual y reproductiva forma parte de los temas de la agenda de las mujeres participantes. Los diferentes matices del acuerdo con esa política y el grado de conocimiento difieren. Fueron las mujeres de grupos de menor nivel educativo las que más acuerdan y conocen. Ese mayor conocimiento puede ser consecuencia de que dichas mujeres atienden su salud mayoritariamente en establecimientos del sistema público, sean hospitales o centros de salud barriales. Si bien las participantes de todos los grupos acordaron con que el Estado debe garantizar que mujeres y varones puedan elegir cuántos hijos o hijas tener y cuándo, las participantes de los grupos de mayor nivel socioeconómico argumentaron que las acciones estatales deben focalizarse en sectores de menores recursos y/o en el interior del país. En definitiva, los argumentos de estos grupos de mujeres se basan en un tipo de control estatal de la natalidad y no en una concepción de derechos para varones y mujeres garantizados por una política pública.

▶ Único tema espontáneo en la agenda de todos los grupos focales: aborto

Las mujeres plantearon la multiplicidad de temas (autonomía, cuerpo, mortalidad materna, etc.) presentes en la controvertida discusión que caracteriza al aborto. En primer término cabe mencionar que, en el marco de la discusión sobre salud y derechos sexuales y reproductivos que fue expuesta en el punto anterior, las mujeres de todos los grupos focales hablaron de manera espontánea y sin dificultades sobre aborto. También plantearon que el tema "es difícil, complicado a nivel personal y social, y que está atravesado por polémicas". La dificultad, especialmente señalada por las participantes jóvenes de zona norte, es referida tanto a la decisión de abortar como a la toma de una posición sobre la legalización/despenalización. Por otro lado, las participantes de mayor edad de la zona sur consideraron que la complejidad política característica de la discusión sobre aborto oculta las consecuencias negativas para las mujeres, cuando no quieren continuar con un embarazo en condiciones económicas precarias o a edades tempranas (niñas madres, embarazo adolescente) o tardías (abuelas madres).

Participante 5: *Yo, es un tema del que jamás pude tomar una decisión, si está mal o está bien.*

18 a 35, zona norte, secundario completo y más

Participante 4: *No se piensa en la mujer y en las criaturas que vienen al mundo a sufrir.*

Participante 6: *Muchas chicas los tienen y se los dejan a las madres y hacen sus vidas, salen.*

51 y más, zona sur, hasta secundario incompleto

También las participantes de todos los grupos manifestaron que se trata de tomar una decisión "autónoma" para procrear o para abortar, porque es en sus cuerpos donde se produce la reproducción: "es tu cuerpo, es la mujer la que queda embarazada y tiene riesgo de muerte en el parto o en el aborto; es la que si se queda sola, se queda con los hijos". El consenso se reflejó en un intercambio entre las participantes del grupo de 51 y más de zona sur y de nivel socioeconómico bajo, quienes señalaron tanto la autonomía como la falta de comprensión social para con las mujeres.

Participante 1: *Yo creo que es la decisión de cada mujer, es el cuerpo de la mujer y es ella la que tiene que decidir si continúa o no.*

Participante2: No se puede entender que es la mujer la que puede decidir con su cuerpo.

51 y más, zona sur, hasta secundario incompleto

En segundo lugar, las participantes destacaron el rol que juegan el Estado, la Iglesia Católica y el Poder Judicial. Respecto del primero, las participantes perciben "vacante la autoridad del Estado y/o gobierno" –términos utilizados a veces como sinónimos– porque no asumen al aborto como una responsabilidad propia. En cuanto a la Iglesia Católica, las participantes expresaron con nitidez su intervención e involucramiento negativos como actor de este debate. Los casos de aborto no punible (art. 86, inciso 1º y 2º del Código Penal) fueron los ejemplos mencionados para graficar el renunciamiento del Estado o del gobierno y la presencia de la Iglesia como actor de veto.

Participante 3: *Yo creo que el Estado se podría ocupar [...] del tema del aborto.*

Participante 2: *No es en todos los casos de violación, es si la chica es tarada y no tiene gente a cargo que la cuide.*

Participante 4: *Dice demente o violada nada más.*

18 a 35, zona norte, secundario completo y más

Participante 2: *La chica esta Down tendría que haber abortado.*

Participante 6: *Hubo un caso de una nena que fue violada, que tenía síndrome de Down y el gobierno no hizo nada. La nena quería abortar y no hizo nada.*

Participante 2: *Porque ahí está metida la Iglesia, no es gobierno eso, es Iglesia. Ahí nos estamos metiendo en otro lado, eso es Iglesia Católica.*

18 a 35, zona sur, hasta secundario incompleto

Las participantes de los grupos de 36 a 50 y 51 y más años de zona sur y de nivel socioeconómico bajo fueron las más insistentes en señalar el accionar de la Iglesia Católica.

Participante 1: *[...] el Estado separado de la Iglesia, porque acá querés elegir tener dos y te viene un tercero y hablás del aborto, y el cura del barrio te caga a trompadas, te excomulga, no te da más la misa y le dice a Doña Rosa que no te salude. [...] Como Dios te manda los hijos, los tenés que tener.*

36 a 50, zona sur, hasta secundario incompleto

Participante 3: *Es el cuarto poder, sí, es todo un tema.*

Participante 2: *Es todo un tema el de la Iglesia Católica, yo soy católica, pero en esas cosas no estoy de acuerdo.*

Participante 5: *Yo también soy católica pero esas cosas no las acepto. No estoy de acuerdo para nada.*

51 y más, zona sur, hasta secundario incompleto

Respecto del rol de la Justicia, aunque de manera más difusa, algunas participantes del grupo de 36 a 50 años de zona sur y de nivel socioeconómico bajo también describieron negativamente su actuación en la resolución de los casos de aborto que encuadran dentro de los abortos no punibles establecidos por el Código Penal, ya sea dilatando o negando la decisión de abortar.

Participante 1: *Y sí, vivimos en un país donde a una niña discapacitada, violada, que salió en todos los medios, tuvieron que agarrar de los pelos a una jueza, mujer, para que firmara y ya era tarde porque no se le pudo hacer el aborto porque ya era peligro para la vida de la madre inclusive.*

36 a 50, zona sur, hasta secundario incompleto

En tercer lugar, las participantes de los grupos analizaron el cuadro de situación del aborto desde un punto de vista normativo dado que del cumplimiento o incumplimiento de la ley se desprenden las condiciones en las cuales se practica el aborto y las consecuencias sociales que dichas condiciones provocan en las mujeres. El primer punto resaltado es la "prohibición" del aborto en la Argentina y al no cumplirse la ley, "el aborto existe igual" pero en condiciones de "clandestinidad". Al quedar el aborto en la ilegalidad y fuera de cualquier control estatal, las condiciones de escasa salubridad y "*expertise*" en que se lleva adelante traen como resultado una alta tasa de morbimortalidad de las mujeres que abortan. El nivel socioeconómico de las mujeres es el factor que determina el grado de peligro para la salud de la mujer que se realiza un aborto: a menor nivel socioeconómico peores condiciones de seguridad. La alta mortalidad de las mujeres producto de las malas y riesgosas condiciones en que se efectúa un aborto fue mencionado tanto por las participantes de 18 a 35 años, de zona norte y de nivel socioeconómico alto como por las de 36 a 50 y 51 y más años, de zona sur y de nivel socioeconómico bajo. Cabe mencionar que una de las participantes incluyó un aspecto negativo de parte de las mujeres –"una amiga mala" – para recomendar dónde hacerse los abortos.

> Participante 6: *Pero el aborto existe igual, la diferencia es que el que tiene plata se lo va a hacer en un lugar privado donde está seguro, y lamentablemente la que no la tiene corre el riesgo porque no sabe bien quién se lo hace ni dónde se lo hace.*

36 a 50, zona sur, hasta secundario incompleto

> Participante 3: *Cuestiones clandestinas generan que haya más mortalidad.*

18 a 35, zona norte, secundario completo y más

> Participante 3: *Siempre hay una amiga mala que te informa mal y te dice andá y hacete el aborto allá que te va a salir tanto, y se hace el aborto y termina muerta.*

51 y más, zona sur, hasta secundario incompleto

En cuarto lugar, frente a ese cuadro de situación, las participantes de todos los grupos manifestaron que el aborto debe despenalizarse en los casos de violación. Al tomar esa posición, las participantes no distinguieron entre los casos no punibles ya establecidos por el Código Penal y los que suponen que deberían despenalizarse. Las opiniones de las mujeres de los grupos no reflejaron el conocimiento de las diferentes interpretaciones jurídicas del citado artículo.[14] En cambio, las participantes argumentaron que existen datos

---

[14]   Véanse Bergallo, P., 2008, "El Código Penal y el aborto", *Clarín*, 20 de septiembre de 2008, y Bergallo, P. y Ramón Michel, A., 2009, "El aborto

estadísticos que muestran que la despenalización contribuye a disminuir la mortalidad materna.

Participante 4: *El Estado tendría que garantizar [...] en una violación que no llegue al cuarto mes y tenga que abortar; a los quince días de ser violada, si está embarazada, ya le deben cortar el embarazo.*

51 y más, zona norte, secundario completo y más

Participante 4: *Tiene que ser una decisión de la mujer y se ha visto en la estadística que cuando se ha despenalizado, hay menos cantidad de abortos, menos cantidad de muertes.*

18 a 35, zona norte, secundario completo y más

Por otra parte, aunque con menciones aisladas, defendieron la legalización total del aborto sin ninguna restricción las participantes de los grupos de 36 a 50 años y de 51 y más años, de zona sur y de nivel socioeconómico bajo.

Participante 3: *Que lo legalicen, totalmente, por las muertes que hay.*

36 a 50, zona sur, hasta secundario incompleto

Participante 2: *El aborto también tendría que estar en casos especiales, en caso que la chica no lo quiera tener, porque muchas veces no lo quieren tener, por una violación o porque se equivocaron, vamos a decir la verdad.*

Participante 6: *El aborto tendría que ser en los hospitales.*

51 y más, zona sur, hasta secundario incompleto

Por último, también en todos los grupos el uso de los términos despenalizar (que implica que el aborto deje de ser considerado un delito tal como lo establece en la actualidad el Código Penal, situación que no resuelve el

---

no punible en el derecho penal argentino", Hoja Informativa número 9, abril de 2009, http://www.despenalizacion.org.ar/hojas.html

acceso a la práctica) y legalizar (que implica que el Estado debe garantizar el acceso a un aborto seguro a todas las mujeres) es indistinto y no se especifican las consecuencias diferenciales de una u otra acción.

El aborto, desde distintas facetas, está presente en la agenda de las participantes de todos los grupos focales con una postura de consenso. El acuerdo se manifestó en torno de la despenalización en los casos de violación. No se mencionaron reparos éticos o religiosos. Más bien se ubicó al aborto como una problemática que involucra tanto el cuerpo como la definición del proyecto de vida de las mujeres. La posición argumentada por las participantes del grupo de 18 a 35 años residentes en zona norte y de nivel socioeconómico alto, y de los grupos de 36 a 50 y 51 y más años residentes en zona sur y de nivel socioeconómico bajo tuvo cercanía con una "intuitiva" perspectiva de género.

▶ Temas espontáneos en la agenda de algunos grupos focales: violencia sexual, masculinidades y femineidades

Violencia sexual

La violencia sexual tiene una doble dimensión. En la primera, lo sexual es un atributo de la acción violenta que un sujeto ejerce contra otro –en ambos casos, de cualquier género y edad–, incluyéndose aquí los delitos de abuso sexual (simple y calificado) y de violación y, en el ámbito laboral, las conductas que encuadran en la figura de acoso sexual. En la segunda, lo sexual aparece como fundamento o motivación de la violencia ejercida sobre una víctima por su pertenencia a un género u orientación sexual determinados. En esta dimensión se encuentra la violencia dirigida contra las mujeres y las minorías sexuales, cuyas formas más comunes son la doméstica o intrafamiliar y el femicidio en el primero de los casos, y la violencia institucional, fundamentalmente policial, hacia las minorías sexuales (Petracci y Pecheny, 2007, 2010).

Las participantes de los grupos focales hicieron referencia a ambas dimensiones. Es un tema de preocupación extendida y fue mencionado espontáneamente, salvo para las participantes del grupo de 18 a 35 años residentes en zona sur y de nivel socioeconómico bajo, único grupo en el cual el tema no surgió de manera espontánea. Para el resto de las participantes de la mayoría de los grupos, la violencia es un hecho que se verifica tanto en el ámbito laboral como en el familiar, y en este último predomina la violencia física.

> Participante 1: *Sí, se escucha violencia de género.*

> Participante 3: *Me tocó trabajar con varones y era la única mujer, no fue fácil, hay una especie de violencia, de maltrato.*

> Participante 4: *Existen las situaciones de las mujeres golpeadas en sus casas.*

> 18 a 35, zona norte, secundario completo y más

A diferencia del resto de los temas de salud sexual y reproductiva, al hablar de violencia las participantes de los cinco grupos advirtieron un mayor tratamiento institucional e hicieron referencia, aunque de manera imprecisa, a dependencias públicas que encaran la problemática.

> Participante 4: *Hay comisarías de la mujer.*

> 18 a 35, zona norte, secundario completo y más

> Participante 1: *Yo sé que hay una comisaría para las mujeres golpeadas en la Provincia de Buenos Aires.*

> Participante 5: *El cuerpo profesional de la Policía Federal, [...] en la Corte, [...] en el Colegio de Abogados [...] lo de Tribunales.*

> 51 y más, zona norte, secundario completo y más

Participante 4: *En escuelas públicas con chiquitos con problemas de violencia o de mujeres golpeadas, mandan a talleres a los chicos o a los padres.*

36 a 50, zona sur, hasta secundario incompleto

Algunas participantes también mencionaron servicios que se brindan a las víctimas de violencia en el marco de la política pública en algunas de esas dependencias como, por ejemplo, asesoramiento jurídico gratuito o la posibilidad de alojamiento en refugios temporarios.

Participante 4: *En Capital te atienden gratuitamente si no tenés dinero para pagar un abogado y te asesoran.*

Participante 2: *Te asesoran o te dan el abogado además.*

51 y más, zona norte, secundario completo y más

Participante 1: *Sé que hay [refugios] para embarazadas menores.*

36 a 50, zona norte, secundario completo y más

Incluso recuerdan la existencia de una línea telefónica gratuita que provee asesoramiento a mujeres en riesgo o golpeadas, pero si bien fue evaluada positivamente su disponibilidad, fue fuertemente negativa la evaluación de su funcionamiento.

Participante 3: *Yo vi un 0800 de violencia para la mujer.*

36 a 50, zona norte, secundario completo y más

Participante 5: *[...] un 0800 de violencia familiar.*

Participante 6: *Que una llame al 0800 y te escuchen, no que le pongan una maquinita, una grabación.*

Participante 4: *Y hasta que llegan a darte con alguien, a vos te mataron.*

51 y más, zona sur, hasta secundario incompleto

Si bien es cierto que la violencia está asociada al género, el concepto de género no ocupa un lugar importante en la discusión de las participantes sobre su agenda; fueron pocas y breves las menciones en el debate y surgieron en los grupos de mujeres jóvenes sin importar las diferencias socioeconómicas y entre las participantes del grupo de 36 a 50 años de mayor nivel socioeconómico. Algunas participantes señalaron haber escuchado hablar de "violencia de género", otras suponían que el término "género" implicaba el reconocimiento de personas con diferente orientación sexual.

> Participante 2: *¿Como para que se acerque gente de condiciones distintas que no sean hombre y mujer? [...] Creía que era para permitir más a gays y lesbianas.*
>
> 36 a 50, zona norte, secundario completo y más

Sólo en el grupo de mujeres más jóvenes, de zona norte y de alto nivel socioeconómico comenzaron discutiendo de forma superficial el concepto de género y lo asociaron al cambio de roles de mujeres y de varones en la sociedad actual. Con el avance del debate, el concepto fue adquiriendo precisión y se lo ubicó en el plano de la influencia cultural y en cómo repercutía en el comportamiento de varones y mujeres.

> Participante 3: *Yo era la única mujer y te puedo decir que no era fácil, me costó muchísimo [...] y volvemos a esto del género.*
>
> Participante 4: *Género son las diferencias entre el hombre y la mujer dadas por pautas culturales y no por el sexo, por lo masculino y femenino desde lo anatómico. Es una cuestión de género que tenemos metida en la cabeza; en realidad, esto se va a ir modificando cuando pase el tiempo. Pero que vos digas que la mamá es la que tiene que estar con el hijo es una cuestión de género, no es una cuestión de que es así, porque en ningún lado dice que el hijo tiene que estar con la madre. Puede estar*

con el padre y puede ser un excelente padre y cuidarlo cuando está enfermo.

18 a 35, zona norte, secundario completo y más

Particularmente en el grupo de 51 y más años, de zona norte y de nivel socioeconómico alto, las opiniones se dividieron entre algunas participantes que consideraron que existe la problemática de género y otras que argumentaron que no. Para las primeras no sólo existe la perspectiva de género y las diferencias se perciben, sino que la sociedad está cambiando los tradicionales patrones culturales. Para las segundas, la inexistencia de una problemática de género se basaba en la propia historia personal donde no habían tenido problemas por ser mujer sino por circunstancias de la vida, por ejemplo en negocios familiares donde los varones también tuvieron problemas.

Participante 5: *Soy mujer, trabajé toda mi vida, llegué a puestos importantes, me desarrollé y los problemas que tuve los tuve no por ser mujer sino porque me crucé con un atorrante, delincuente que me hubiera estafado –corrupto, político, por supuesto– así yo hubiera sido hombre. Porque empezó mi padre ya con algunos problemas en la empresa.*

51 y más, zona norte, secundario completo y más

Masculinidades y femineidades

Bajo el rótulo "masculinidades/femineidades" hemos agrupado el análisis relacional sobre el rol de la mujer y del varón en sus vínculos familiares, de pareja y laborales y la redefinición de las identidades sexuales. También se abordó cómo dicha redefinición afecta a la histórica concepción de lo masculino y lo femenino.

El rol de la mujer y del varón en sus vínculos familiares o de pareja fue mayoritariamente referido en los grupos, y sólo no se mencionó espontáneamente en el grupo de mujeres de 51 y más años, residentes de la zona sur y de nivel socioeconómico bajo.

En los restantes cinco grupos, la edad de las participantes emergió como el elemento diferenciador de las opiniones respecto de la redefinición del rol de la mujer y el varón. Mientras que las más jóvenes –menores de 35 años– dieron cuenta de vínculos –con esposos o novios– más equilibrados, las mayores –de 36 a 51 y más años– hablaron de vínculos familiares en donde se reproduce el tradicional rol bajo el cual fueron educadas las mujeres.

> Participante 2: *Yo creo que cada vez será mucho más compartido, pero igualmente yo creo que lo de la familia pesa bastante.*
>
> 18 a 35, zona norte, secundario completo y más

> Participante 2: *Yo creo que la mujer a veces le tiene que explicar al hombre las cosas, entonces llegás a un momento que vos hablás, [...] hasta que llega un momento que se dan cuenta y te empiezan a ayudar.*
>
> 18 a 35, zona sur, hasta secundario incompleto

> Participante 3: *Pero es de lo que venimos hablando, que nos educaron [...] para criar a nuestros hijos, [...] entonces es como que se tara y se tara, cocinando, atendiendo, haciendo.*
>
> 36 a 50, zona sur, hasta secundario incompleto

Las participantes tienen visiones polares sobre los roles masculino y femenino: para las jóvenes en sus proyectos de vida, el hecho de ser mujer no determina convertirse exclusivamente en ama de casa. Por el contrario para las participantes de mayor edad, el hecho de ser hoy ama de casa y trabajar fuera del hogar, no les quita que sean consideradas como las únicas responsables de las tareas de la casa y el cuidado de la familia. Más aun recordaron que en el ámbito familiar, la disponibilidad de tiempo libre se distribuye de forma dispar entre los géneros.

Participante 3: *Esta cuestión de la época de tu abuela en donde la mujer se quedaba en la casa y se ocupaba de la casa y no trabajaba, y era el hombre el que tenía que conseguir trabajo y se encontraron con que la mujer tiene habilidades, tiene capacidades, y puede hacer 800 millones de cosas al mismo momento..., la mujer orquesta, ¿no? Y esto creo que choca, no todos los hombres se lo bancan.*

18 a 35, zona norte, secundario completo y más

Participante 5: *Es que en general siendo yo ama de casa y estando todo el día en la casa, lo hago yo.*

Participante 1: *Yo no estoy todo el día en la casa y sin embargo de mí se espera lo mismo.*

36 a 50, zona sur, hasta secundario incompleto

Participante 2: *Sólo los hombres tienen tiempo libre en la casa, parece que la mujer no...*

36 a 50, zona norte, secundario completo y más

Para las mujeres jóvenes, los roles cambiaron; en cambio, las de mayor edad perciben que los roles están cambiando al punto de que ellas mismas en sus familias conviven con los diferentes roles dado que no han podido reformular sus propios vínculos familiares con sus maridos, pero con los hijos sí. Más que cambios con sus pares varones, pueden obtener conquistas puntuales y excepcionales a sus exclusivas responsabilidades domésticas.

Participante 1: *Yo creo que machista es –que no es– mi marido de 60 años, pero no mis hijos... ni el de 25 ni el de 32.*

51 y más, zona norte, secundario completo y más

> Participante 1: *Si vos me preguntás, "¿que sucedería si yo, que llevo todos los chicos a la escuela, te pido que mañana los lleves vos?", probablemente que sí. Pero si vos decís "yo no llevo los chicos mañana a la escuela", te contestan "bueno, se quedarán en casa" y punto.*
>
> 36 a 50, zona sur, hasta secundario incompleto

Las participantes de 36 a 50 y de 51 años y más sin distinción del nivel educativo manifestaron escepticismo respecto de poder cambiar sus vínculos con sus maridos o parejas. Frente a ello, las mujeres jóvenes reconocen como un hecho natural que su generación –varones y mujeres– comparte una visión más igualitaria y equitativa sobre el rol del varón y de la mujer.

> Participante 3: *Yo creo que nuestra generación empezó más con nosotras, 30 años... Y fijate ella lo que te cuenta, ¿no?, que el novio ya le cocina, ¡buenísimo!*
>
> 18 a 35, zona norte, secundario completo y más

El tema del rol de la mujer en el ámbito laboral y de la redefinición de las identidades sexuales y cómo esta última afecta a la histórica concepción de lo masculino y lo femenino surgió espontáneamente sólo en el grupo de mujeres de 51 años y más, residentes de zona norte y de nivel socioeconómico alto. También fueron las únicas que hablaron de un nexo entre la mayor presencia de las mujeres en el mercado laboral y la emergencia de una crisis en los varones respecto a su rol en dicho mercado, al punto que afectaría a su propia identidad sexual.

> Participante 5: *Hay una crisis de la masculinidad, donde los pobres masculinos tienen una crisis total, un despelote que no saben para dónde salir ante este avance femenino arrollador.*
>
> 51 y más, zona norte, secundario completo y más

Además estas participantes manifestaron vivir en una "sociedad machista" donde el ser una persona de sexo masculino trae aparejado mayores reconocimientos, preferencias y privilegios que no le son otorgados a las mujeres.

Participante 1: *El hombre es más, a igualdad de condiciones con la mujer, igualdad de estudios, maestrías, doctorados, el hombre gana y tiene más posibilidades en cuanto a ser empleado, gerente, ejecutivo o lo que fuere.*

Participante 4: *Entre tomar una mujer doctora y un hombre doctor, van a tomar un doctor.*

51 y más, zona norte, secundario completo y más

Igualmente, estas diferencias en la valoración de los géneros que se percibe en el mundo laboral se vienen atenuando gracias al mayor acceso de las mujeres al mismo, lo que provoca que las condiciones salariales tiendan a equipararse con las de los varones y el componente cultural machista a reducirse.

Participante 3: *Para mí está cambiando, porque me da la impresión de que ahora la mujer está ocupando otros puestos que antes no ocupaba.*

Participante 4: *La empresa tiene un escalafón de sueldos y no te van a decir "ganás menos porque sos mujer".*

Participante 6: *El machismo de los hombres va disminuyendo ante el avance de la mujer.*

51 y más, zona norte, secundario completo y más

Por otra parte, en la actualidad, estas participantes creen que la mayor presencia de mujeres en el mercado laboral desdibuja el rol de los varones y que se da en un momento en donde paralelamente se visibilizan nuevas identidades sexuales que superan a la clásica dicotomía mujer/varón. La dificultad de no llegar a definir con precisión las nuevas identidades sexuales despertó sentimientos negativos de inquietud y hasta llegó a constituirse en una preocupación

en algunas participantes porque les enoja la mayor visibilidad y expresión de las diferencias sexuales en la sociedad.

Participante 2: *Con cinco sexos, con ¿quién soy yo?, el
estar perdidos.*

Participante 5: *Lo anodino; esos que no son necesa-
riamente homosexuales sino un ni [...], lo que antes se
ocultaba, ahora se da a la luz y además lo aplaudimos.
Lo antinatural –la homosexualidad–, el ser diferente,
lo no convencional, para ser suave, despierta orgullo.*

51 y más, zona norte, secundario completo y más

Tampoco las perspectivas futuras sobre una mayor
claridad en la definición de las identidades sexuales resul-
taron alentadoras para estas participantes, porque perciben
como una amenaza la adopción de niños por parte de
matrimonios homosexuales y manifestaron que no pueden
aceptar que cambie la monopólica imagen de la tradicional
familia heterosexual con hijos.

Participante 5: *Cuando dos hombres puedan adoptar,
no va a seguir la imagen paterna cerca del niño y se va
a estar perdiendo totalmente que estén padre, madre
e hijo. Va a haber una pérdida de valores absolutos.*

51 y más, zona norte, secundario completo y más

► Temas espontáneos en la agenda de grupos focales específicos: educación sexual, fertilización asistida y anticoncepción hormonal de emergencia

Educación sexual

La educación sexual surgió espontáneamente en el
grupo de mujeres de 18 a 35 años, residentes en zona sur,
de nivel socioeconómico bajo. Hubo consenso en las posiciones. Para las participantes, la educación sexual es una
materia prioritaria para brindar a los adolescentes, porque
tienen ideas erróneas sobre la sexualidad.

Participante 6*: Los adolescentes creen que saben todo y no saben nada.*

18 a 35, zona sur, hasta secundario incompleto

La escuela es la institución considerada adecuada para impartir esos saberes, y en ese sentido la Ley de Educación Sexual es vista como una buena iniciativa de política pública a condición de que los padres conozcan previamente los contenidos a impartir. A tal punto creen que es adecuado que las instituciones educativas brinden educación sexual, que las participantes sostuvieron que deberían ampliar el objetivo y enseñar educación sexual a los padres.

Participante 2*: Capaz estaría bueno que en los colegios se permita la educación sexual para padres...*

Participante 1*: Yo creo que tendrían que mostrarles a los padres para que los padres sepan qué es lo que ven los chicos para poder después contestarles, darles una buena respuesta. Porque por ahí ellos ven una cosa y los padres les dicen otra, y los chicos quedan diciendo "¿qué hago?".*

18 a 35, zona sur, hasta secundario incompleto

Fertilización asistida

La fertilización asistida surgió espontáneamente en el grupo de mujeres de 36 a 50 años, residentes en la zona sur, de nivel socioeconómico bajo. Hubo consenso en las posiciones. Consideraron que la fertilización asistida fue incorporada a la agenda político institucional como consecuencia del ingreso de mujeres a la política. Junto a esta idea, las participantes dejaron al descubierto la creencia de que las mujeres eran las que "sufrían de infertilidad o esterilidad, y no los varones" (Santi, 2007: 69).

Participante 2*: En salud tuvo mucho que ver el ingreso de las mujeres, por ejemplo, el tema de la esterilidad,* *que la fecundación asistida pueda llegar a ser algo que pueda ser parte de la medicina, eso también tuvo mucho que ver con el ingreso de las mujeres a la política.*

Participante 4: *Habiendo mujeres en el poder cambian un montón de cosas. Hay problemas que tienen las mujeres que los hombres no lo tienen, entonces habiendo mujeres cambian muchas cosas.*

36 a 50, zona sur, hasta secundario incompleto

Adicionalmente mencionaron el limitado acceso o incluso la imposibilidad para acceder a un tratamiento de procreación asistida debido a su excesivo costo económico y a la falta de cobertura por las instituciones de salud pública, obras sociales o prepagas.

Participante 3: *Hoy es privado y no te hacen fertilidad asistida en los hospitales, ni con la obra social.*

36 a 50, zona sur, hasta secundario incompleto

Por último, el hecho de que sólo participantes de sectores con menores recursos hablaran de fertilización asistida deja planteada la duda respecto de la creencia difundida de que la infertilidad es únicamente un problema de mujeres profesionales de clase media o media alta que la padecen porque han postergado la maternidad en pos de su desarrollo profesional. Pensamos que esta creencia sesgada puede estar ocurriendo debido principalmente a que estas mujeres por pertenecer a sectores sociales con mayores recursos son las que pueden plantearse la posibilidad de acceso a un tratamiento de reproducción asistida porque se encuentran en condiciones económicas para poder costearlo privadamente.

Anticoncepción hormonal de emergencia (AHE)

La anticoncepción hormonal de emergencia incorporada al Programa Nacional de Salud Sexual y Procreación Responsable (Res.232/07) como método anticonceptivo con el objetivo de prevenir embarazos no deseados y abortos ha provocado reacciones desde su establecimiento entre los actores del espacio público mediático (comunidad médica, Iglesia Católica, prensa escrita) y ha afectado la accesibilidad y el conocimiento entre usuarias efectivas o potenciales sobre la base de una inadecuada información del funcionamiento del método y la estigmatización al asociarla con el aborto (Pecheny, 2010; Pecheny y Tamburrino, 2009).

Las participantes hicieron dos consideraciones: una referida a la disponibilidad en hospitales y centros de salud públicos, y otra referida al uso y el carácter de este tratamiento anticonceptivo de emergencia.

> Participante 4: *Pero ahora salió la pastilla del día después que te la dan en todos los hospitales gratuitamente, en las salitas.*

> Participante 3: *Si una chica se equivocó y quedó embarazada, me parece perfecto que le den eso; pienso que si es el día después, todavía no es nada.*

> 51 y más, zona sur, hasta secundario incompleto

Si bien la última cita refleja que se concibe a la AHE como una alternativa frente a un embarazo no deseado, también deja en evidencia una confusión entre AHE e interrupción del embarazo. Así, la AHE funcionaría como "la última barrera para impedir un embarazo [...] cuando el método anticonceptivo ha fallado o por alguna circunstancia no se ha usado" (Pecheny y Tamburrino, 2009: 171). También es referida como abortiva al decir "quedó embarazada". La confusión entre AHE y aborto se basa en la creencia de que la fecundación se produce "durante" la relación sexual; "después de un coito no protegido, cualquier intervención es percibida [...] como interrupción del proceso de gestación". La AHE "no afecta a los procesos que ocurren después de la fecundación" (Pecheny y Tamburrino, 2009:

161), por eso la inadecuada información sobre el modo de funcionamiento favorece la confusión entre AHE y aborto. Nuevamente las participantes de este grupo mencionaron a la Iglesia Católica como un actor que impugna el uso de "la anticoncepción de emergencia", como también el de la "ligadura de trompas" –mención aislada–. La interferencia de la Iglesia es valorada negativamente hasta por participantes autodenominadas creyentes católicas.

> Participante 2: *Es todo un tema el de la Iglesia Católica; soy católica pero en esas cosas no estoy de acuerdo.*
>
> 51 y más, zona sur, hasta secundario incompleto

Conclusiones

El debate sobre salud y derechos sexuales y reproductivos, si bien fue introducido de forma guiada, permitió que las participantes mencionaran espontáneamente los temas que les preocupan implicados en esta noción: aborto, violencia sexual, masculinidades y femineidades, educación sexual, fertilización asistida y anticoncepción hormonal de emergencia. La discusión de esos temas reflejó preocupación tanto por ellas –hablaron de cuestiones que las atraviesan en su vida cotidiana–, como por otras mujeres, manifestando su inquietud por las mujeres golpeadas, por las mujeres que no tienen recursos y por los y las adolescentes.

Sobre cada una de las problemáticas en particular manifestaron diferentes opiniones, diversos matices de consenso y disenso y distintas argumentaciones. También hicieron visible la recordación de los temas debatidos en los medios de comunicación, como los casos de abortos no punibles y de los actores involucrados en cada una de las temáticas ya que, en diversas oportunidades y en distintos grupos, mencionaron el papel del Estado, la Justicia y la Iglesia Católica.

Si bien las mujeres manifiestan que los temas analizados integran su agenda, falta todavía recorrer un trecho para que los derechos sexuales y reproductivos sean concebidos como derechos ciudadanos y se consolide una "agenda ciudadana" con perspectiva de género y derechos. Por un lado, las mujeres no mencionaron la palabra "derecho", ni la idea de concebirse como sujetos o *sujetas* de derecho, como ciudadanos o ciudadanas. Por otro lado, las opiniones respecto de la acción estatal se acercaron más a la idea de control –primera asociación frente a la palabra garantizar–, a beneficios –el Estado "te da" métodos anticonceptivos–, o como posibilidad –el Estado se podría ocupar de ciertos temas–. En ningún tema las mujeres mencionaron y/o plantearon la idea de la obligación del Estado de garantizar, proteger, promover y respetar derechos de la ciudadanía.

Tampoco los diversos temas de derechos sexuales y reproductivos fueron definidos desde una perspectiva de género porque del discurso de las participantes no emergió una concepción de derechos para varones y mujeres garantizados por una política pública que apunte a la igualdad, la equidad y la no discriminación. Las participantes hicieron pocas y breves asociaciones –violencia de género– y definieron, aun menos, el concepto de género identificando la noción de construcción social y cultural de la sexualidad; sólo lo hicieron algunas mujeres del grupo joven y de nivel socioeconómico alto. Las participantes de los grupos de 36 a 50 y de 51 y más años y de nivel socioeconómico bajo también opinaron desde una "intuitiva" perspectiva de género al referir que el aborto involucra el cuerpo y la definición del proyecto de vida de las mujeres.

La prioridad asignada a los temas de derechos sexuales y reproductivos difiere.

El aborto fue la única problemática mencionada y más ampliamente debatida en todos los grupos, y se ubicó así en el primer lugar de la agenda de las participantes. Sólo frente al aborto apareció una clara demanda de las participantes al Estado en pos del tratamiento de este tema, principalmente en las violaciones.

La violencia sexual fue una problemática debatida en cinco de los seis grupos con un tono de extendida preocupación porque se manifiesta tanto en el ámbito laboral como familiar, de ahí una posición intermedia dentro de la agenda de las mujeres de los grupos, al igual que en el debate sobre masculinidades y femineidades. Particularmente, el rol de la mujer y del varón en sus vínculos familiares y de pareja también surgió en el debate de cinco de los seis grupos pero con posturas diferentes de acuerdo a la edad. Para las participantes más jóvenes no constituyó un tema de discusión porque viven como un hecho casi natural tener roles más igualitarios y equitativos con sus parejas; en cambio, a las participantes de mayor edad –aunque con un tono de queja– les resulta natural tener roles desiguales, que creen difíciles de modificar.

Por último, los temas que ocupan un lugar en la base de la agenda, sólo debatidos por algunas mujeres en grupos específicos, son educación sexual, fertilización asistida y anticoncepción hormonal de emergencia. La discusión de estos temas no fue extensa y se destacó por la enunciación de algunos aspectos negativos y/o cuestiones de interés.

En cuanto a la educación sexual, resaltaron la necesidad e importancia de brindar educación sexual a los adolescentes, y que la escuela es la institución por excelencia para impartirlos. Respecto de la segunda mencionaron el limitado acceso o la imposibilidad para acceder a un tratamiento de fertilización asistida debido a su excesivo costo económico y a la falta de cobertura por instituciones públicas, obras sociales y prepagas. Finalmente sobre

AHE, el énfasis de la discusión estuvo en la disponibilidad en establecimientos públicos de salud y en el uso de este método anticonceptivo.

Si la agenda política e institucional se vio ampliada en lo que respecta a la ciudadanía sexual desde el retorno de la democracia, y nuevos temas y tomas de posición en el campo de la sexualidad y la reproducción se incorporaron a la agenda de las mujeres, la apropiación subjetiva de sus derechos abre interrogantes de discusión académica y trabajo político.

Referencias bibliográficas

Kitzinger, J., 1994, "The methodology of Focus Group: the importance of interaction between research participants", *Sociology of Health & Illnes,* pp. 105-121.

Monzón, C., 1996, *Opinión pública, comunicación y política. La formación del espacio público*, Madrid: Tecnos.

Pecheny, M. (dir.), Andía, AM., Ariza, L., Brown, J., Epele, M., Luciani Conde, L., Mario, S. y Tamburrino, C., 2010, *Anticoncepción después de...: barreras a la accesibilidad a la anticoncepción de emergencia en la Argentina*, Buenos Aires: Teseo.

Pecheny, M. y Tamburrino, C., 2009, "¿'La palabra lo dice'? Interpretaciones cruzadas y obstáculos al acceso a la anticoncepción de emergencia", *Revista Latinoamericana Sexualidad, Salud y Sociedad*, N°1, pp. 158-176.

Pecheny M., Andia A., Ariza L., Brown J., Epele M., Luciani Conde l., Mario S. y Tamburrino, C., 2008, *Barreras a la accesibilidad a la anticoncepción de emergencia*, Buenos Aires: Ministerio de Salud.

Petracci, M., 2003, "Pensar la opinión pública", *Zigurat, Revista de la Carrera de Ciencias de la Comunicación*,

Facultad de Ciencias Sociales, UBA, Buenos Aires, N°
4, pp. 8-18.

Petracci, M., 2004, "La agenda de la opinión pública a través
de la discusión grupal. Una técnica de investigación
cualitativa: el grupo focal", en Kornblit, A. (comp.),
2004, *Metodologías cualitativas en ciencias sociales.
Modelos y procedimientos de análisis*, Buenos Aires:
Editorial Biblos, pp. 77-89.

Petracci, M. y Pecheny, M., 2007, *Argentina: Derechos
Humanos y Sexualidad*, Buenos Aires: CEDES- CLAM/
IMRJ.

Petracci, M. y Pecheny, M., 2010, *Argentina: Derechos
Humanos y Sexualidad. Actualización*, www.clam.org.
br/ publique/ media/coldoc_ar_website%20final.pdf

Santi, M. F., 2007, "Cuerpos normales, cuerpos femeni-
nos: técnicas de reproducción asistida", *Perspectivas
Bioéticas*, Ediciones del Signo, Año 12. N° 22, pp. 61-76.

Sunkel, G., 1992, "Usos políticos de las encuestas de Opinión
Pública", Santiago de Chile: FLACSO, Serie Educación
y Cultura N° 18, Documentos de trabajo.

Cruces y tensiones discursivas en salud sexual y reproductiva: test de VIH, anticoncepción de emergencia, aborto y fertilización asistida[15]

Milca Cuberli, Marina Lois y Andrea Palopoli

El objetivo del artículo es analizar discursos sociales en medios gráficos sobre cuatro temas del campo de la salud y los derechos sexuales y reproductivos –test de VIH, anticoncepción de emergencia (AE), aborto (AB) y fertilización asistida (FA)–publicadas en la prensa gráfica de tirada nacional en 1998, 2002, 2004 y 2008. Los cuatro temas están atravesados por aspectos controvertidos: las decisiones sobre el cuerpo, la autodeterminación sexual e identitaria, los valores sociales relacionados con la familia y el matrimonio, concepciones divergentes del uso de la tecnología, la oferta y la accesibilidad a los servicios de salud y la relación médico/equipo-usuario(s) de salud.

Se parte del supuesto de que los discursos que circulan en los medios gráficos permiten conocer los sentidos construidos socialmente, la articulación de las agendas de los medios, de la opinión pública y del gobierno, y las relaciones entre dichas agendas.

La organización del artículo consiste en el desarrollo, en primer lugar, de las bases teóricas y metodológicas que

---

[15] El artículo inédito preparado para esta publicación es el resultado final de versiones previas que fueron presentadas en dos jornadas: Cuberli, M. y Lois, M., "Regularidades discursivas en el campo de la salud sexual y reproductiva en Argentina: agenda política y mediática", V Jornadas de Jóvenes Investigadores, Instituto de Investigaciones Gino Germani (IIGG), del 4 al 6 de noviembre de 2009; Cuberli, M. y Lois, M., "Discursos emergentes en medios gráficos sobre el test VIH/sida: consideraciones preliminares", VI Jornadas de Investigación en Comunicación, Las prácticas comunicativas y los medios de comunicación en la centralidad de la escena pública, San Miguel, Provincia de Buenos Aires, del 5 al 6 de noviembre de 2009.

orientaron la investigación. En segundo lugar, se presentan estados de situación de cada tópico (test de VIH, AE, AB y FA), los cuales son introductorios a los correspondientes análisis discursivos. En tercer lugar, se despliegan los análisis propios de cada temática. Finalmente, se desarrollan las conclusiones, producto del análisis de los temas seleccionados.

Análisis del discurso: abordaje teórico

Para realizar este análisis discursivo se tomaron las principales categorías teóricas, que se esbozan a continuación, de Ernesto Laclau y Chantal Mouffe, Slavoj Žižek y Michel Pêcheux.

Discursos sociales

Constituyen la instancia por medio de la cual las significaciones sociales se materializan y son comprendidas en tanto prácticas sociales (Laclau y Mouffe, 1987). Lo social es entendido como un espacio discursivo a partir del cual el discurso no tiene carácter puramente mental sino material. Lo material se refiere a la cancelación de la diferencia discursivo–extradiscursivo, ya que la materialidad discursiva atraviesa instituciones, rituales y prácticas políticas. Así, el discurso se define como un sistema diferencial y estructurado de posiciones, constituido por elementos lingüísticos y no lingüísticos no yuxtapuestos (Laclau y Mouffe, 1987), es decir, que los elementos no poseen identidad intrínseca ya que toda identidad se constituye de manera relacional.

Otro aspecto a considerar es el giro discursivo en el análisis social, que abandona toda concepción de sociedad que la considere como una totalidad cerrada. En consecuencia, no habrá un cierre definitivo en la significación social: la posibilidad de cambio en las significaciones debe ser leída como posibilidad de cambio social. Ello permite pensar en "arenas de lucha" por la significación social, donde los discursos circulan en un intento por dominar el campo de la discursividad, por cancelar el flujo de diferencias, por imponer un centro (Laclau y Mouffe, 1987). En la lucha por la fijación del sentido se forjan enfrentamientos y alianzas, en un intento por hegemonizar/literalizar las significaciones socialmente construidas. La hegemonía se constituye cuando una diferencia, sin dejar de ser un contenido particular, encarna la representación de la totalidad social (cuando un significante logra simbolizar la cadena de demandas equivalenciales). En el análisis de este trabajo, las articulaciones alrededor de significantes como "anticoncepción de emergencia", "fertilización asistida", "test de VIH" o "aborto" estarán implicadas en una puja por la literalización/esencialización de su sentido, es decir por imponer cadenas equivalenciales a los mismos (lo cual implica una operación de exclusión de otros sentidos posibles). Llegan a ser significantes cuando logran ser articulados con otros elementos significantes: su identidad no puede constituirse sino de modo relacional y coyuntural en el seno de una sociedad dada.

Una "formación discursiva" (Pêcheux, 1978; Laclau y Mouffe, 1987) es la resultante –siempre en transformación– de prácticas articulatorias que tienen que ver con la construcción de puntos nodales (Laclau y Mouffe, 1987; Žižek, 1992, 1993). Los puntos nodales son fijaciones parciales o momentos sobre los que se constituye lo social; puntos discursivos privilegiados que "fijan parcialmente el sentido; y el carácter parcial de esa fijación procede de la apertura de lo social" (Laclau y Mouffe, 1987: 130-131). Cuando los puntos nodales se constituyen, los elementos se vuelven "momentos", posiciones diferenciales, en tanto aparecen articuladas en el interior de un discurso (Laclau y Mouffe, 1987). En la superficie de las arenas de lucha por la significación se manifestarán distintos "acentos de intersección" o "acentualidades" (Voloshinov, 1976; Hall, 1998;) que buscarán apropiarse (imponer su cadena de equivalencias) del sentido de ciertos significantes. Un ejemplo de cómo pueden emerger acentualidades en torno a un punto nodal (interceptando distintos sentidos) puede ser la cadena equivalencial "despenalización-del-aborto=crimen", buscando excluir otra cadena equivalencial antagónica, "despenalización-del-aborto=derechos humanos".

Sujetos, posiciones de sujeto e identidad

Laclau (1996) sostiene que no hay sujeto fundante del discurso, sino que existen diferentes posiciones de sujeto (Laclau y Mouffe, 1987; Žižek, 1992, 1993) dispersas al interior de una formación discursiva (Pêcheux, 1978; Laclau y Mouffe, 1987). En el análisis se reconocen como actores a aquellos que producen enunciados o son referidos por los demás como identidades diferenciales sobre la base de un conjunto de rasgos. La delimitación de rasgos que forman identidades discursivas equivalenciales debe estar en relación antagónica con otro conjunto equivalencial opuesto. Dicho antagonismo (Laclau y Mouffe, 1987; Žižek, 1992, 1993) contribuye a los procesos nunca acabados de constitución de subjetividades[16] que, para constituirse como tales, requieren definirse y afirmarse en oposición unas con respecto a otras, motivo por el cual deben generarse fronteras de exclusión.

Lejos de una concepción de sujeto como mero efecto de sentido (asociado con una perspectiva de tipo estructuralista), se parte de que la producción de significación social es posible en tanto opera en la subjetivación un dispositivo doble de "desconocimiento/reconocimiento"

---

[16]   El concepto de antagonismo quedará completado en el siguiente apartado.

(Pêcheux, 1978) que gira en torno a lo ya oído y a lo ya dicho. El posicionamiento actoral se concibe como tal, en la medida en que la enunciación de ciertos actores gesta efectos de sentido: en tanto existen discursos que pasan a ser "condición de producción" (Pêcheux, 1978) de otros. Así es como, "la transferencia" nombra al círculo vicioso de la creencia: "las razones por qué hemos de creer sólo son convincentes para aquellos que ya creen" (Žižek, 1992: 67). Eso es posible en tanto opera un desconocimiento por medio del cual se produce un efecto retroactivo (Žižek, 1992, 1993; Laclau, 1996) en la significación. Tal retroactividad permite por un lado, a los sujetos reconocerse como seres concientes y libres en su autodeterminación y, por otro, a sus argumentaciones ser sustentadas como verdad. El efecto de reconocimiento hace que el sentido sea vivido por los actores como una garantía trascendente, como si las significaciones (que son contingentes y no esenciales) fueran inmanentes y hubieran "estado allí" desde siempre. Por ejemplo, las creencias sobre el embrión como ser humano o como mero material biológico pueden condicionar coyunturalmente los posicionamientos en relación con las prácticas discursivas sobre AE, FA y AB. Los actores no "se convencen" de sus posturas porque hayan encontrado (conscientemente) suficientes razones para creer, sino que ya creían "desde antes" en ciertos sentidos social e históricamente instituidos.

Esta forma de concebir lo subjetivo no niega la capacidad de negociación y resignificación de los actores, evidencia que tales capacidades responden a mecanismos inconscientes/preconscientes a nivel social, a un proceso de producción de sentido que se nos escapa como condición necesaria para su misma existencia y para nuestra constitución como sujetos en el seno de una sociedad dada. Al respecto, es preciso comprender que siempre se está dispuesto a tomar diversas posiciones a lo largo de la vida (Hall, 1998) y que estos posicionamientos subjetivos operan de modo contradictorio porque no tienen relación necesaria ni coherente unos en relación con otros. La constitución identitaria de los sujetos debe ser comprendida bajo la misma consideración ya citada aquí sobre la apertura significante de lo social. La apertura de la identidad resulta inevitable, así como también la no fijación absoluta de la identidad (Laclau y Mouffe, 1987).

Significante vacío, momentos y hegemonía

Bajo la concepción de apertura de lo social se entiende que el universo de la discursividad está formado por elementos sin ligar, que son significantes flotantes (Laclau, 1996; Žižek, 1992, 1993). Para dejar de ser elementos y para que se generen momentos (formaciones discursivas que fijen parcialmente su sentido social) en la significación, es necesario que opere un vaciamiento de ciertos significantes flotantes, que se condense en ellos un plus de significación. Esa operación de vaciamiento no es una reducción en el sentido. El significante vacío (Laclau, 1996), lejos de estar desprovisto de sentido, refiere a un "plus metafórico" (Žižek, 1992, 1993) que produce el efecto de exceso de sentido. Cuando se integran diversas demandas a su alrededor, el significante se vacía, es decir, pierde su particularidad constitutiva para adquirir "efectos universalizantes" (Laclau, 2005). La hegemonía se constituye cuando una diferencia, sin dejar de ser un contenido particular, encarna la representación de la totalidad social (cuando un significante logra simbolizar la cadena de demandas equivalenciales). "Hegemonizar algo significa, exactamente, llenar ese vacío." (Laclau, 2005: 83) Laclau (2005) se refiere a la noción de significantes tendencialmente vacíos al entender que el vaciamiento nunca puede ser total, ya que ello implicaría el establecimiento de una sociedad plenamente constituida como tal. Ejemplos de significantes vacíos pueden ser "democracia", "libertad", "justicia", etcétera. Si bien las tensiones por ese tipo de significantes son características de numerosos conflictos políticos, en el marco de un análisis específico pueden llegar a identificarse otros significantes tendencialmente vacíos. De la imposibilidad de suturar lo social surgen, entonces, prácticas hegemónicas que privilegian ciertas articulaciones significantes por sobre otras en torno de determinados puntos nodales. La hegemonía procede a través de una doble lógica de diferencia y de equivalencia (Laclau y Mouffe, 1987). La diferencia complejiza el espacio político y alimenta antagonismos (posiciones diferenciadas). La lógica de la equivalencia, en cambio, simplifica el espacio político y tiende a conformar un centro que unifica/cancela las diferencias. A la hegemonía se la entiende como una relación y por eso no puede ser localizada con precisión en la sociedad (no resulta algo meramente estático o esencial). Más que tratarse de una dominación imperante, consiste en esfuerzos permanentes y nunca del todo victoriosos por formar consensos lo más extensos posible.

Antagonismo y síntoma

El proceso de vaciamiento del significante tiene como condición la formación de antagonismos (Laclau y Mouffe, 1987; Žižek, 1992, 1993), que son relaciones que muestran los límites de toda objetividad: allí donde se gesta una arena de lucha es donde existen antagonismos, es donde se hace posible la "articulación hegemónica" (Laclau y Mouffe, 1987). Los autores advertirán que aunque las formaciones discursivas resulten contradictorias, ello no quiere decir que tengan siempre carácter antagónico: todos partici- pamos de sistemas de creencias contradictorios entre sí y eso no implica tal conflictividad. Desde el antagonismo, toda identidad se forma en relación con otra identidad de modo que éstas adquieren un carácter mutuamente diferencial como producto de esa relación (Laclau, 2005). Por lo tanto, toda construcción identitaria presupone una serie de límites que Laclau (2005) denomina "una frontera de exclusión". En esta frontera que se delimita, todos los elementos que la componen son equivalentes entre sí en la medida en que todos se forman como exclusión de una primera identidad (Laclau, 2005). Las categorías excluidas, para lograr constituirse en los significantes de lo excluido, tienen que cancelar sus diferencias a través de la formación de una "cadena de equivalencias" (tiene que lograrse una solidaridad o alianza unificadora entre causas o demandas).

El concepto de síntoma (Laclau y Mouffe, 1987; Žižek, 1992) resulta fundamental para entender qué moviliza al mecanismo que constituye y, al mismo tiempo, hace imposible una sutura definitiva de lo social. El síntoma, al igual que el significante vacío, detenta el lugar de una falta, se trata de un objeto parcial. Asimismo funciona como una falla constitutiva de lo social y de la subjetividad y, al igual que el significante vacío, encarna objetos hegemónicos que satisfacen de manera sustitutiva al "deseo original". La noción de síntoma es recuperada dado que la consideran elemental para entender los modos de construcción discursiva de las identidades políticas. Žižek (1992: 47-48) denomina como síntoma social al

> punto de ruptura heterogéneo a un campo ideológico determinado y al mismo tiempo necesario para que ese campo logre su clausura. [...] El "síntoma" es, hablando estrictamente, un elemento particular que subvierte su propio fundamento universal, una especie que subvierte su propio género. [...] Cada universal ideológico –por ejemplo, libertad, igualdad– es "falso" en la medida en que incluye necesariamente un caso específico que rompe su unidad, deja al descubierto su falsedad. (Žižek 1992: 47-48)

El síntoma es un elemento disruptivo que señala que toda posibilidad de universalización queda trunca, fracasa. En la presentación anterior se hizo referencia al entrecruzamiento de tres "instancias" (social, subjetiva, significante) que comparten, constitutivamente, la falta de "sutura" definitiva. En esa imposibilidad radica "la radical contingencia del significante" definida por Laclau (1996), quien considera a la sociedad como una totalidad imposible. A continuación se realizará un análisis empírico en base a las categorías definidas en esta sección.

Análisis del discurso: abordaje metodológico

Criterios de relevamiento y análisis

El objeto de estudio es el conjunto de discursos sociales que se constituyeron en torno a VIH/sida (específicamente la prueba de VIH), anticoncepción de emergencia, aborto y fertilización asistida en un recorte temporal determinado (que se explicita en el siguiente apartado). Se realizó un rastreo de estos discursos en el corpus disponible, se diferenció la intervención de distintos actores y se reconstruyeron los encadenamientos significantes, tratando de identificar diversas operaciones ideológicas e indagando en sus componentes. Se indagaron las condiciones objetivas de circulación[17] de

---

[17]   Las condiciones objetivas son aquellos sucesos que promueven o acompañan la emergencia de determinados discursos, desde un punto de vista contingente. Coincidimos con Stuart Hall (1980) cuando indica que las condiciones objetivas, si bien no son determinantes a nivel causal, contribuyen a delimitar el terreno de la lucha en el plano del enunciado. La inserción que tenga un acontecimiento dentro de la trama discursiva va a depender del estado del conflicto entre clases o grupos sociales (Hall, 1980). Esa relación también puede ser interpretada en los aportes realizados por Voloshinov: "La existencia reflejada en el signo no tanto se refleja propiamente como se refracta en él. [...] en cada signo ideológico se cruzan acentos de orientaciones diversas. El signo llega

los discursos dentro de los distintos períodos estudiados. En esos períodos se identificaron "momentos" (Laclau y Mouffe, 1987) en tanto guías para rastrear los puntos nodales de cada temática en los distintos años.

Para realizar el análisis discursivo (de acuerdo a los objetivos de la investigación en la que se basó este artículo), se seleccionaron noticias del corpus, se confeccionaron cuadros que permitieran comparar y sistematizar las cadenas significantes y se elaboró un mapa de los actores que intervienen en la disputa por el sentido de cada uno de los temas seleccionados. En base al marco teórico y metodológico desarrollado se parte del concepto de "antagonismo", el cual permite comprender cómo se constituyen posiciones diferenciales de uno u otro actor en tanto sus enunciaciones tienen cierta capacidad performativa, ya que "tras" determinada enunciación hay otros actores que responden de distintas maneras y pueden ser identificados en la trama de la significación controvertida en tanto reconocen y son reconocidos (a nivel concreto o de rasgos discursivos) por los demás actores.

El *corpus* de noticias

La metodología para la construcción del corpus de notas consistió en una búsqueda que se realizó entre abril, mayo y junio de 2009, en *Clarín*, *La Nación* y *Página/12*, todos medios gráficos de circulación nacional. Se seleccionaron aquellas notas que contuvieran información sobre test de VIH/sida, AE, AB y FA. La búsqueda se realizó a través de los buscadores electrónicos de las versiones digitales de dichos diarios, mediante el sistema de "búsqueda avanzada" que ofrecen estos sitios web.

---

a ser la arena de la lucha de clases. Este carácter multiacentuado del signo ideológico es su aspecto más importante" (Voloshinov, 1976: 49).

En cuanto a los criterios de búsqueda de notas, para cada tema se incluyeron las siguientes palabras claves: test de VIH (test de VIH y análisis de sida), AE (anticoncepción de emergencia, pastilla del día después), FA (fertilización asistida, fertilización, fertilización *in vitro*, inseminación artificial)[18] y AB (aborto, interrupción del embarazo). Una vez realizada la búsqueda por palabras claves (véase Anexo), se introdujo un criterio adicional por el que se eligieron aquellas notas en las que las palabras claves detectadas estuvieran en el interior del texto y no únicamente en el título y la bajada. Una vez realizado ese recorte, se consideró: que la nota seleccionada hiciera referencia a los temas a nivel nacional; que estuviera directamente vinculada con los temas de la búsqueda; que contribuyera a la formación de discursos, esto es, que formara parte de un conjunto de notas en las que se construyera un determinado sentido de los conceptos que se relevaron (y no únicamente una mención, que puede estar fuera de contexto, como por ejemplo, una enumeración).

Las notas seleccionadas corresponden a los períodos 1998,[19] 2002, 2004 y 2008. El recorte temporal fue realizado por diferentes motivos. Son años representativos de diferentes períodos históricos del país (1998 es un exponente de la década neoliberal, 2002 representa la etapa de postcrisis argentina y 2004 la etapa de recuperación económica y social), de diferentes momentos políticos de los temas de derechos sexuales y reproductivos (Petracci y Pecheny, 2007, 2009, 2010) y, finalmente, de aspectos relacionados

---

[18]   Si bien se asume el uso académico de estas técnicas como "Técnicas de Reproducción Asistida", en lo que respecta al análisis discursivo en concreto se utilizará la denominación "fertilización asistida" debido a que es el significante al que, con mayor preponderancia, remiten los actores que intervienen.

[19]   El diario *Página/12* fue digitalizado a partir de 2000, motivo por el cual, el período correspondiente a 1998 no se ha podido relevar.

con las posibilidades para la construcción del corpus (2008 es el último año completo en los medios gráficos dado que la construcción del corpus fue realizada en 2009).

En cuanto a los criterios de selección de los medios gráficos sobre cuyas notas se realizó el análisis, se eligieron *Clarín*, *La Nación* y *Página/12* por diversas razones: por ser medios de circulación nacional, por su llegada y tiraje y por el tipo de agenda que establecen. *Clarín* y *La Nación* son los diarios de mayor circulación nacional. Respecto de sus públicos destinatarios, *Clarín* es el diario que apunta a "la mayoría", mientras que *La Nación* es un diario históricamente vinculado a sectores conservadores de nuestra sociedad. Por su parte, si bien *Página/12* es un diario de menor tirada a nivel nacional en comparación con los anteriores, desde sus orígenes se caracterizó por tener una agenda alternativa con temas que no tienen lugar en otros medios de comunicación o que tienen un enfoque diferente al que propone este medio (Lois y Cosoy, 2005). A los medios masivos seleccionados se los entenderá aquí como espacio público donde circulan diferentes discursos, no se los tratará en calidad de actores con características específicas. Si bien se reconoce que los medios no fundan lo público, lo público en las sociedades contemporáneas no existe por fuera de ellos[20] (Caletti, 2000, 2001).

Test de VIH: análisis discursivos

El sida (síndrome de inmunodeficiencia adquirida) es una enfermedad transmisible que afecta el sistema inmunológico y es provocada por el virus de inmunodeficiencia

---

[20]   Lo que no supone considerar que los medios son transparentes o neutrales, ni negar sus límites y sus distorsiones como forma de acceso a los discursos sociales.

humana (VIH) que se encuentra en líquidos orgánicos de personas que viven con el virus. En los últimos años, el desarrollo de efectivas terapias antirretrovirales y el conocimiento acerca de la existencia del virus en la sangre permitieron iniciar tratamientos que llevan a una cronificación de la enfermedad. Por otra parte, el VIH/sida se constituyó como un fenómeno social que produjo cambios en las subjetividades y en los vínculos interpersonales con impacto en los servicios de salud, las organizaciones sociales y el espacio público en general.

La infección por el VIH se diagnostica desde 1985 a partir de la detección de los anticuerpos que produce el cuerpo al intentar defenderse contra el virus. Dichos anticuerpos se producen entre la tercera y octava semana después del momento de la infección y son más fáciles de detectar que el virus. Las pruebas son: el análisis de la sangre donada, la vigilancia de la prevalencia o de las tendencias del VIH a lo largo del tiempo y el diagnóstico de la infección en las personas. Existen diferentes tipos de prueba de acuerdo a los objetivos y los contextos, los cuales se combinan además según diferentes tecnologías. Algunas de ellas son: la prueba ELISA, pruebas sencillas y rápidas, pruebas que no usan plasma o suero, pruebas confirmatorias, pruebas para detectar directamente el virus y pruebas domiciliarias (ONUSIDA, 1997).

En la Argentina, la Ley Nacional 23798/90 de SIDA promueve la existencia de un espacio de información previo para las personas que realizan la consultan para realizarse el análisis y conocer su estado serológico. La denominada entrevista de aconsejamiento de pretest tiene como propósito brindar información sobre las características del VIH/sida, el tipo de análisis, la voluntariedad de la prueba y el carácter confidencial del resultado. Además, los artículos 6, 7 y 8 refieren al análisis de VIH de forma directa o indirecta.

A partir de 2001, en la Ciudad de Buenos Aires, entre otras estrategias preventivas se pusieron en funcionamiento dispositivos de aconsejamiento y diagnóstico sobre VIH/sida, denominados Centros de Prevención, Asesoramiento y Diagnóstico (CePAD). Se ubican en servicios de atención primaria, organizaciones comunitarias y hospitales de la Ciudad y promueven el acceso de la población a la prueba.

A partir del corpus construido y al poner en relación las regularidades discursivas identificadas en los diferentes períodos, se describirá el devenir de la disputa hegemónica en la constitución de los discursos sobre el test de VIH. Tres articulaciones, que se visibilizan transversalmente con diferentes grados de intensidad a lo largo de los años seleccionados, estructuran el campo hegemónico: la "accesibilidad", la "voluntariedad" y la "compulsividad" ante la prueba. Esas articulaciones pueden clasificarse en torno a dos regímenes de verdad.

En el primero, característico de 1998, el aumento de consultas y testeos sobre VIH es asociado –por parte de profesionales de la salud y funcionarios políticos– al hecho de que la población se encontraba más informada, y constituía de esta forma una idea de sujeto que, en relación al tema de VIH, se encontraba más informado, activo y en busca de atención. Lo denominaremos "de información y conciencia". En 2008, en cambio, el Estado, a través de sus diferentes estructuras, denuncia la falta de insumos en hospitales y centros de salud, pero también de información y de accesibilidad a dichos servicios como para promover una realización efectiva del test de VIH. De hecho, el cuestionamiento que más peso tiene en esta etapa es el de las desigualdades en la accesibilidad para la realización de la prueba, especialmente si se compara la política sanitaria implementada en la ciudad de Buenos Aires respecto del resto del país. Esos cuestionamientos también son realizados por representantes de organizaciones de la sociedad civil, aunque su protagonismo no es tan relevante como el del estatal. A este segundo régimen de verdad le cabe el título "fallas en el sistema sanitario".

Accesibilidad al y (no) voluntariedad del test de VIH: su lugar en los discursos sociales

En 1998 el Jefe de Consultorios Externos del Hospital Muñiz informó un aumento en las consultas por VIH/sida.[21] El mismo estaría asociado a dos factores: por un lado, la información existente que circula socialmente y, por otro, la conciencia en la población del potencial riesgo para todos, más allá de la pertenencia o no a un posible "grupo de riesgo".[22] El aumento y el cambio de las personas que se testean resulta un hecho positivo ya que antes las personas que se acercaban estaban en una etapa avanzada del VIH/sida: "El cambio se nota en las cifras: en 1995, entre los que se acercaban por primera vez a hacerse el examen, un 28% recibía un resultado positivo (estaban infectados). El año pasado ese porcentaje bajó a 22 y en lo que va de 1998 hubo un 16% de casos positivos".[23] También se enuncia como factor a tener en cuenta para la realización del test el conocimiento acerca de la cronificación actual de la enfermedad. En ninguna instancia se menciona la voluntariedad y la confidencialidad del test[24] de VIH como atributos que lo constituyen.

---

[21]   "Polémica por análisis de sida", *Clarín*, 29 de octubre de 1998.
[22]   El enfoque de grupo de riesgo se asentó en una concepción estratégica de intervención que apuntaba fuertemente al cambio de conductas de tipo individual. La modalidad enunciada produjo, en los primeros años, procesos de estigmatización y discriminación, ya que algunos de los grupos identificados fueron homosexuales, hemofílicos y usuarios de drogas inyectables.
[23]   "Polémica por análisis de sida", *Clarín*, 29 de octubre de 1998.
[24]   "Cada vez más personas se hacen el examen de sida", *Clarín*, 28 de septiembre de 1998.

En 2002, el Estado se erige como portavoz en el abordaje del VIH/sida mediante la creación de la Coordinación Sida en la ciudad de Buenos Aires.[25] Ante el estado de situación, se identifica el sida como la primera causa de muerte en jóvenes porteños. Claudio Bloch, director de dicha coordinación, enfatiza la cantidad de personas que estaría infectada y desconocería esa situación: "Se calcula que el 50% de las personas que están infectadas no lo saben".[26] Se difunde en la nota periodística, la creación de los centros de testeos voluntarios en la ciudad, una estrategia preventiva que promueve en un marco de accesibilidad el análisis para conocer la situación serológica de las personas. Por primera vez a lo largo de los años seleccionados para el análisis se enumeran los atributos de voluntariedad, confidencialidad y gratuidad como parte de la política estatal[27] desarrollada en la Ciudad.

En 2004 un editorial del diario *Clarín* enuncia que una encuesta del Gobierno de la Ciudad sobre prevención del sida arroja que el 64% de las personas encuestadas entre 21 y 40 años señaló que se había hecho la prueba del test de VIH, lo que demostraría un nivel de conciencia considerable sobre el peligro de la enfermedad.[28] La noticia relaciona esta actitud con la mayor información que existiría por parte de los medios de comunicación y la que ofrecen las organizaciones no gubernamentales, en detrimento de las casi

---

[25]   Con el propósito de coordinar los programas suscriptos por el Gobierno de la Ciudad Autónoma de Buenos Aires relativos a prevención y tratamiento del Síndrome de Inmunodeficiencia Adquirido (SIDA), se creó a fines de 2000 en el Ministerio de Salud una estructura con rango de Dirección General que se denominó Coordinación Sida (Decreto Nº 2137).

[26]   "Cada vez más personas se hacen el examen de sida", *Clarín*, 28 de septiembre de 1998.

[27]   "El sida, la primera causa de muerte en jóvenes porteños", *Clarín*, 30 de noviembre de 2002.

[28]   "La importancia de prevenir el sida", *Clarín*, 11 de agosto de 2004.

inexistentes campañas de bien público realizadas a nivel estatal. Por otra parte, se enuncia que en pocos meses se trabajaría bajo acciones preventivas en escuelas medias de la ciudad de Buenos Aires, lo cual sería alentador porque la misma encuesta da cuenta de que el porcentaje de menores de 21 años que realizaron la prueba es menor que el de los adultos. No se ofrece información acerca del test respecto de su procedimiento, lugar de realización, legislación, etcétera. Voces de especialistas en el tema enfatizaron también la mayor toma de conciencia respeto del VIH/sida. Portavoces de estructuras gubernamentales de la ciudad de Buenos Aires señalaron –a partir de la Encuesta Anual de Hogares, realizada por la Dirección General de Estadísticas y Censos de la Secretaría de Hacienda y Finanzas del Gobierno de la Ciudad– que sobre una muestra de 7310 hogares, 6 de cada 10 habitantes de la ciudad entre 21 años y 40 años se realizaron el test de VIH.[29]

> Lo que sí se comprobó es que el promedio general cae mucho cuando se incluye a los menores de 20 años y a los mayores de 60, porque ellos se hacen mucho menos el test. Antes de la iniciación sexual y después de los 55, el sida no parece ser una preocupación que los toque personalmente,

señaló Martín Moreno, titular de la Dirección de Estadísticas y Censos de la Ciudad de Buenos Aires.[30] Según Bloch, esa auspiciosa cantidad de personas que se realizaron el test de VIH se debería a la política de testeo voluntario implementado a partir de 2001:

> Esta encuesta va a mejorar la evaluación y el uso de las políticas públicas. Creo que los índices tan altos obedecen a distintas razones: en primer lugar, tienen que ver con el

---

[29]   "Sida: los que más se hacen el test tienen entre 21 y 40 años", *Clarín*, 09 de agosto de 2004.

[30]   "El sida, la primera causa de muerte en jóvenes porteños", *Clarín*, 30 de noviembre de 2002.

acceso al análisis, que en la Capital ha mejorado mucho en los últimos años. Además, ha habido una política sostenida en los hospitales y medios de comunicación para estimular la consulta y la realización gratuita del test.[31]

El funcionario, además, sitúa como un lugar de referencia privilegiado a la Capital Federal, donde habría mayor información y menos discriminación, cuestiones que posibilitarían el acercamiento de las personas a realizar el testeo: "Y otro tema que influye mucho es la apertura y la tolerancia social. En la Capital se habla mucho de sida, dejó de ser un tabú y se discrimina menos que en el interior. Está más aceptado y eso favorece el tema del análisis".[32] Por otra parte, el funcionario expresó que, a nivel social, se vive otra concepción del VIH/sida, alejada de la imagen de la "muerte", recurrente en la década de los años ochenta.

La voz del Estado se hace nuevamente presente desde el Ministerio de Salud de la Nación ante la preocupación por el número de personas que viviría con el virus y lo desconocería. Como estrategia, se anunció el lanzamiento de una campaña masiva en Mar del Plata destinada a jóvenes, adolescentes y embarazadas.[33] La misma contemplaba la distribución de preservativos, la entrega de terapia antirretroviral, la realización de campañas de difusión, pero la promoción del testeo surge al mencionar exclusivamente a las embarazadas. Cabe recordar que la única manera de conocer la seropositividad es mediante la realización del test de VIH: "Tenemos todos los cañones apuntados a los jóvenes y a un punto que preocupa: el tema de la transmisión de la enfermedad de la embarazada al bebé. [...] El 100% de las embarazadas que se atiendan en hospitales públicos podrá hacerse el testeo en forma gratuita" (Graciela

---

[31]   Ídem.
[32]   Ídem.
[33]   "La importancia de prevenir el sida", *Clarín*, 11 de agosto de 2004.

Hamilton, titular del Programa Nacional de Lucha contra el Sida-Ministerio de Salud de la Nación).[34] Además de la gratuidad, se destaca la ausencia en la enunciación de los otros atributos del test: confidencialidad y voluntariedad.[35]

Con respecto a la voluntariedad y confidencialidad del test, en 2004, sólo una nota denuncia y expone violaciones a la ley, bajo el argumento de que se realizan análisis para detectar el VIH u otras enfermedades o afecciones en general y que muchas veces quien quiere ingresar a un trabajo desconoce específicamente qué estudios se le están realizando.[36] "Si el empleador hace el estudio genético, de VIH o de epilepsia sin el conocimiento y la aprobación del futuro empleado, es un agravante porque estos últimos son dos aspectos fundamentales. Está prohibido y, además, habría cuestiones de ética violentadas", señala el presidente del Instituto Nacional contra la Discriminación, la Xenofobia y el Racismo (INADI). La mayor preocupación al respecto radicaría en el hecho de que no existe en la legislación actual la obligación de informar acerca de los resultados de los análisis preocupacionales, señala Carlos Rodríguez, gerente de la Superintendencia de Riesgo del Trabajo.[37]

> Sabemos que a veces se hacen los estudios de forma oculta, la tendencia es no decir nada al trabajador. En el supuesto caso que el resultado sea positivo, no se le da el trabajo sin informarle nada de la enfermedad. Entonces, se le está negando el empleo, quitando la oportunidad de tratamiento y, si tuviera conductas inadecuadas, podría contagiar a otros en el caso del sida,

señala Rodríguez.

---

[34]   Ídem.
[35]   "Lanzarán una campaña masiva contra el sida", *Clarín*, 20 de marzo de 2004.
[36]   "Claroscuros de los exámenes médicos pre-ocupacionales en la Argentina", *Clarín*, 30 de julio de 2004.
[37]   Ídem.

En 2008, una nota editorial expuso aspectos relacionados con la falta de información y carencias sanitarias: "fallas" en el abordaje del sida en la Argentina.[38] Allí se mencionaba la falta de promoción y realización del test de VIH. La nota de opinión enfatiza la expansión de la enfermedad en la Argentina:

> Según estimaciones oficiales, en la Argentina existen 120 mil personas infectadas de VIH, pero sólo 42 mil están bajo control médico. Esto significa que hay alrededor de 78 mil personas contagiadas que no reciben tratamiento. De este último grupo, las autoridades calculan que la mitad desconoce que se encuentra infectada.[39]

Clarín señala barreras en el sistema de salud para que las personas puedan realizarse el test de VIH, ya que cuatro de cada diez centros de salud municipales no tendrían medios para realizar el análisis. "Y además, no en todos los centros que sí pueden brindar el estudio se promueve su realización".[40] La nota finaliza demandando campañas informativas y preventivas, además de la promoción del test de VIH.

Ante la estimación oficial de que 78 mil personas en el país estarían infectadas sin control médico y la mitad de ellas no sabría su estado de infección, sectores no gubernamentales y estatales, por un lado, denunciaron barreras sanitarias para el acceso al test de VIH, mientras que, por otro, difunden atributos positivos del test, tales como la gratuidad, la confidencialidad y el anonimato. "El 60% de los Centros CAPS[41] está en condiciones de hacer la prueba de VIH, lo que no significa que la hagan. El 100% debería

---

38   "Fallas en la lucha contra el sida", *Clarín*, 09 de diciembre de 2008.
39   "Fallas en la lucha contra el sida", *Clarín*, 09 de diciembre de 2008.
40   Ídem.
41   Centros de Atención Primaria de la red asistencial pública nacional.

poder hacerlo."[42] En este caso, el Estado aparece como denunciante, a través del Director de la Coordinación Sida de la Ciudad. Por su parte, desde la Fundación Huésped, Mariana Vázquez, denuncia que los equipos de los centros de atención primaria estales están poco capacitados para realizar la consejería que acompaña el testeo de VIH.[43]

Los atributos de voluntariedad, confidencialidad y gratuidad aparecen por tercera vez enunciados en las noticias entre 2002 y 2008, en el anuncio de una campaña oficial nacional,[44] "Triki Triki Bang Bang", en la que se destaca que hay muchas personas viviendo con el virus, pero que desconocen esa situación porque no se realizan el test. En los tres últimos períodos analizados se ven fuertemente desplegados los discursos sociales que se enuncian desde el Estado a través de las voces de técnicos, funcionarios y decisores políticos de diferentes niveles de gobierno entre los cuales se destacan los funcionarios de organismos nacionales y de la Ciudad de Buenos Aires.

La desigualdad social y la prevención de la transmisión vertical

Con la promulgación de la Ley 25543 y su reglamentación en enero de 2002, *Página/12* retoma un debate que se dio en el Congreso con respecto a la obligatoriedad de la realización del test de VIH para todas las mujeres embarazadas.[45] La Cámara de Senadores pretendía que el test fuera obligatorio para todas las mujeres embarazadas pero finalmente Diputados rechazó esa propuesta y la ley pro-

---

[42] "Sida: 4 de cada 10 centros de salud municipales no están preparados", *Clarín*, 02 de diciembre de 2008. La noticia refiere una encuesta oficial implementada durante el año 2008 en 200 centros de salud CAPS (en el país existen 6000).

[43] "La importancia de prevenir el sida", *Clarín*, 11 de agosto de 2004.

[44] "Nueva campaña para la prevención del sida", *Clarín*, 20 de noviembre de 2008.

[45] "Test de VIH para las embarazadas", *Página/12*, 10 de enero de 2002.

mulgada sólo establece la obligatoriedad del ofrecimiento de la prueba de VIH para mujeres que cursan embarazos. Si bien este debate sobre la compulsividad o voluntariedad respecto de la realización del test de VIH es central y está relacionado con el derecho de las personas a decidir por sí mismas y ser sujetos activos de sus prácticas de salud, la cuestión apenas aparece mencionada en la nota periodística y no vuelve a ser retomada. Lo que sucede en la práctica es que existe una operación de "simplificación" sobre lo que dice la ley según la cual los médicos ordenan la realización del test de VIH como un estudio de rutina más, anulando de esa manera la posibilidad de establecer un intercambio de información y de reflexión en la relación médico-paciente. En estos casos, la realización del test se limita a evitar la transmisión vertical (madre-hijo) y omite cuestiones claves para la prevención, lo que implica una situación de tensión entre el derecho de las personas a decidir y el descenso –total en algunos casos, como se verá en el análisis– de la tasa de transmisión vertical. Por otra parte, esta situación da cuenta de que se está más cerca de una noción de "obligatoriedad de realización del test" antes que de "obligatoriedad de la información acerca de la realización del test", lo que confirma la operación de simplificación mencionada.

Por otra parte, y en relación con la práctica de testeo realizada a embarazadas en algunos hospitales públicos, la tasa de transmisión vertical disminuyó al 0% durante largos períodos. Es el caso del Hospital Fernández de la Ciudad de Buenos Aires. En 2004, Pedro Cahn –médico infectólogo y presidente de la Sociedad Internacional de Sida–sostenía que "hace más de tres años que ningún chico nace con sida".[46]

---

[46]   "Falencias en hospitales bonaerenses", *Página/12*, 02 de diciembre de 2004.

Sin embargo, otras tensiones se ponen en juego y otras articulaciones discursivas se presentan cuando se habla de transmisión vertical. En primer lugar, se encuentran relaciones estrechas entre los discursos vinculados a la información (nivel de conocimiento que se tiene acerca de la transmisión madre-hijo), los controles prenatales, la pobreza y la desigualdad. Se producen articulaciones complejas donde las personas de menor nivel educativo son quienes menos información tienen acerca de la transmisión vertical y quienes, además, menos controles prenatales se realizan por las dificultades económicas o sociales en el acceso a la salud (no pueden viajar hasta el hospital o no tienen con quién dejar a sus otros hijos). Otro factor que dificulta este acceso es la organización del sistema de salud que obliga a las mujeres a ir al hospital en reiteradas oportunidades a realizarse diversos estudios en lugar de hacer la mayor cantidad de estudios posibles en cada visita.[47]

La baja cantidad de controles durante el embarazo deriva en el hecho de que muchas mujeres realizan el test de VIH recién durante el segundo trimestre mientras que se recomienda realizar los tratamientos preventivos durante el primer trimestre de gestación.[48] En este sentido, el cruce entre los discursos sobre transmisión vertical y realización del test de VIH y pobreza es determinante para entender este problema. La pobreza es una barrera para la realización de controles prenatales, y la realización del test de VIH, en este sentido, no es la excepción. Estas desigualdades sociales, que se ven en la problemática del acceso a la realización del test de VIH, son sintetizadas en una de las notas, con la noción de "Dos Argentinas". Pedro Cahn realiza esta comparación cuando relaciona los

---

[47]   "Lugar común, el desconocimiento", *Página/12*, 16 de julio de 2004.
[48]   Ídem.

cuadros de situación entre la Ciudad de Buenos Aires y el conurbano bonaerense.[49] Esas diferencias no sólo tienen que ver con la posibilidad de acceso de las embarazadas a la realización del test para evitar la transmisión madre-hijo, sino también con falencias burocráticas para la realización del test: falta de insumos, falta de presupuesto, discriminación en el sistema de salud ante el pedido de realización del test de VIH, etcétera.

Los discursos sobre el test de VIH: cambio de voces sin fricciones

Con respecto a los discursos sobre el test de VIH no se perciben tensiones que den cuenta de una disputa por la hegemonía discursiva. Ni siquiera en aquellas cuestiones que son (o podrían ser) polémicas, tales como la voluntariedad y la confidencialidad de la realización del test.

No obstante, se perciben dos momentos diferentes en la participación de los actores. Si en 1998 las organizaciones de la sociedad civil son quienes están presentes en los medios como portavoces del discurso sobre VIH/sida, a partir de 2002 se produce una inserción del Estado como enunciador activo que se hace cada vez más presente compartiendo, en ocasiones, denuncias con las organizaciones de la sociedad civil. Este pasaje, sin embargo, no evidencia fricciones. El hecho de que el Estado se configure como portavoz presente y legitimado de la problemática del VIH/sida se presenta sin tensiones, como si no hubiera diferencia entre los discursos de ambos actores. A la vez no se manifiesta ninguna disputa por apropiarse del sentido.

Cuestiones como la voluntariedad, la confidencialidad o los aspectos vinculados a la aplicación de la ley aparecen enunciadas incipientemente pero no problematizadas. En los medios de comunicación no se plasman debates o

---

49   "Falencias en hospitales bonaerenses", *Página/12*, 02 de diciembre de 2004.

posturas acerca de estos temas. La pregunta que en estos casos cabe realizarse es si, efectivamente, no existe en el plano discursivo una tensión respecto de estos temas o esa tensión existe pero no está plasmada en los medios de comunicación, sino que forma parte de cuerpos discursivos que circulan en otros ámbitos (académicos, de la sociedad civil, profesionales, etc.). Si no existe una disputa, ¿cuál es entonces (en el nivel del discurso) el papel de estas organizaciones? ¿Quién se encarga públicamente de disputar sentidos en materia de VIH/sida? ¿O ello significa, acaso, que los diferentes actores sociales del ámbito de la salud que componen el complejo entramado social que se vincula con esta epidemia tienen un alto nivel de consenso, por lo menos en materia de la estrategia preventiva del testeo?

La transmisión vertical del VIH/sida podría disminuir si las mujeres embarazadas accedieran a la realización del test de VIH durante el primer trimestre de gestación (como en la Ciudad de Buenos Aires). Podría entonces, enunciarse una posible tensión –al menos en el plano discursivo– entre la realización compulsiva del test de VIH a las embarazadas que acceden al sistema de salud y la voluntariedad de su realización. Sin embargo, este aspecto tampoco queda evidenciado en los discursos de los medios. Sí, en cambio, aparece problematizado el menor número de controles prenatales de las mujeres de menores recursos (que incluye al test de VIH).

Las articulaciones discursivas no muestran disputas –o estas son imperceptibles– por imponer un discurso y la apropiación del sentido respecto del test de VIH. En cambio aparecen situaciones de denuncia y manifestaciones por mejorar las prácticas vinculadas a la prevención en el marco de esta epidemia.

Anticoncepción de emergencia: análisis discursivos

La anticoncepción hormonal de emergencia (AHE) es un método de anticoncepción poscoital que consiste en la ingesta de una o dos pastillas específicas o de una determinada cantidad de píldoras anticonceptivas por las mujeres durante los cinco días posteriores a una relación sexual no protegida con el fin de evitar un embarazo no buscado (Saravi, 2007). En este trabajo, al referirnos a anticoncepción de emergencia (AE), lo hacemos con el sentido descripto por el autor señalado.

Según la Organización Panamericana de la Salud (OPS), desde que la AE se dio a conocer en Latinoamérica, se produjeron polémicas, el método fue poco difundido y se presentaron dificultades en el acceso. Por otra parte, la Iglesia Católica considera el uso de la AE como una práctica abortiva:

> aunque la doctrina de la Iglesia Católica afirma que un embarazo empieza con un óvulo fecundado, médicamente se considera que una mujer está embarazada cuando un óvulo fecundado se implanta en el recubrimiento de su útero y sólo entonces puede desarrollarse como un feto. (OPS, s/r)

La AE no es un método abortivo sino que tiene como función prevenir la fecundación del óvulo: es un método anticonceptivo poscoital.

A pesar de los debates generados en torno a la AE, la existencia y el suministro de medicación poscoital se remonta a la década del 70 (Von Hertezen, *et al.*, 2002). A fines de los años 90, investigaciones clínicas avaladas por la OMS establecieron que el consumo del levonorgestrel en 1,5mg es la mejor opción de uso ya que no afecta posibles procesos posteriores que puedan darse seguidos a una fecundación (Pecheny y Tamburrino, 2009).

En nuestro país, existen investigaciones que evidencian que la AE no es un método frecuentemente usado (Portnoy, 2006; Portnoy y Berkenwald, 2006) y, si bien se distribuye desde 2007 en el Programa Nacional de Salud Sexual y Reproductiva,[50] como método anticonceptivo no ha sido ofrecido desde los servicios de salud ni demandado por usuarias en comparación con otros métodos (Pecheny *et al.*, 2010). El estudio exploratorio realizado por Pecheny *et al.* (2010) indagó acerca de las barreras económicas, institucionales, culturales y subjetivas que, entre otras, influyen en el nivel de acceso a la anticoncepción hormonal de emergencia desde las perspectivas de usuarias y usuarios y proveedores de salud. Los principales resultados muestran la existencia de barreras específicas relacionadas con la falta de información sobre el adecuado funcionamiento del método (por ejemplo, el tiempo que transcurre entre el momento del coito y la fecundación), el estado legal acerca de su uso y la accesibilidad (cómo y dónde conseguir el método).

El debate acerca de la AE se desarrolla en torno a dos regímenes de verdad que organizan los discursos y que se sostienen en los tres períodos analizados: la asociación de la AE como método abortivo y la utilización de la AE para prevenir embarazos no deseados. La AE como método abortivo aparece como la postura dominante en los medios en 2002 sustentada por "voces eclesiásticas": la Iglesia Católica y organizaciones de la sociedad civil bajo su órbita. Ambos grupos de actores conciben la AE como una medicación que atenta contra "la vida". En cambio, en 2008 la relación de fuerzas por la disputa del sentido cambia: son aquellos argumentos a favor de la utilización

---

[50] Sin embargo, su distribución ya se realizaba a través del sistema de salud pública, en la Ciudad de Buenos Aires y en otras provincias, como en Mendoza.

de AE pronunciados por las organizaciones de la sociedad civil con trabajo político en derechos de género, sexuales y reproductivos los que dominan el campo de la discursividad. La AE aparece como un método anticonceptivo poscoital que debe ser suministrado en el marco de una política pública tendiente a impedir embarazos no buscados y prevenir abortos.

El Poder Judicial y los obstáculos a la AE

Al margen de la prevalencia de uno u otro régimen de verdad, tanto en 2002 como en 2008 la Justicia se erige como actor social, a favor del régimen que sostiene que la AE es abortiva. En 2002 la Corte Suprema se pronunció en contra de la venta de la IMEDIAT[51] (nombre anterior del actual IMEDIAT N y por lo cual el fallo no llegó a aplicarse). También una jueza civil de la Ciudad de Buenos Aires respaldó un amparo solicitado por padres-abogados de la ONG Pro-vida y declaró inconstitucional la Ley 418 de Salud Reproductiva y Procreación Responsable de la Ciudad.[52] En 2008, un fallo de la Cámara de Apelaciones en lo Civil y Comercial[53] impidió la distribución de AE en hospitales públicos y la Cámara de Apelaciones en lo Civil y Comercial de 1° Nominación prohibió la prescripción por profesionales de la salud pública de la AE en tanto fuera recetado como "de emergencia".[54]

Frente a esta situación, los sectores a favor del uso de AE desarrollaron discursos basados en la prevención de embarazos no deseados que culminarían en abortos, los cuales podrían llegar a poner en peligro la vida y la salud

---

[51]   "El fallo de la corte resulto un fallido", *Página/12*, 07 de marzo de 2002.
[52]   "Ibarra sostiene una ley cuestionada", *Clarín*, 07 de marzo de 2002.
[53]   "Córdoba apeló el fallo contra la píldora del día después", *La Nación*, 09 de agosto de 2008.
[54]   Ídem.

de las mujeres. Como estrategia discursiva, pusieron en juego una trama de articulaciones con el objetivo último de preservar la salud de las mujeres.[55] Estas articulaciones son explicitadas en los medios por especialistas (médicos, científicos, funcionarios de organismos supranacionales) y también desde el Estado a través de ministros y gobernantes.[56]

Otras articulaciones que se organizan en torno a la utilización de la AE para evitar embarazos no deseados vinculan la provisión de este método como parte de los derechos sexuales de las mujeres –y por lo tanto, de sus derechos humanos–[57] y el reconocimiento científico internacional[58] acerca del carácter no abortivo de la AE.[59]

En los casos analizados, el Poder Judicial se hace eco de recursos de amparo presentados por otros actores sociales del debate –las ONGs vinculadas a la Iglesia Católica– por considerar que el método es "abortivo". Para sostener este argumento, tanto las ONGs como los magistrados involucrados desarrollan las mismas estrategias discursivas del debate sobre la penalización/despenalización del aborto (que se analiza a continuación): por ejemplo la defensa de la vida desde la concepción,[60] en ocasiones llevada al límite en frases del tipo "esta píldora mata niños".[61]

Entre los fallos[62] del Poder Judicial para prohibir el uso de la AE, existen casos[63] en que las decisiones judiciales

---

[55]   Ídem.
[56]   "Ahora habrá más abortos", *Página/12*, 07 de marzo de 2002.
[57]   "Mi cuerpo es mío, mío, mío", *Página/12*, 08 de marzo de 2002.
[58]   "La iglesia miente porque es sexofóbica", *Página/12*, 17 de noviembre de 2002.
[59]   "Ibarra sostiene una ley cuestionada", *Clarín*, 07 de marzo de 2002.
[60]   "Apelará el fallo de la Corte Suprema", *La Nación*, 07 de marzo de 2002.
[61]   "La querella afirma que el método mata niños", *La Nación*, 06 de marzo de 2002.
[62]   "En defensa del laicismo", *Página/12*, 20 de junio de 2008.
[63]   "Decir que es abortiva es fundamentalismo puro", *Página/12*, 08 de agosto de 2008.

tienen implícitamente una mirada de "clase" respecto de quienes pueden utilizar el método: prohíben su distribución en el sistema público[64] de salud pero no su venta en el circuito farmacéutico comercial.[65]

El papel del Estado: contradicciones en su accionar

A pesar de la toma de posición de algunos funcionarios públicos, se puede decir que, como actor social, el Estado tiene una actitud oscilante acorde a sus complejidades y contradicciones internas. Por un lado, se erige como un actor pasivo cuando, por ejemplo, no cumple con la provisión de AE[66] y es denunciado por actores sociales relacionados con temas de salud sexual y reproductiva y derechos de las mujeres.[67] Por otro, el Estado también va incrementando su presencia. A partir de 2004 se promueve el uso de la AE para prevenir embarazos no deseados a través de la implementación de estrategias en políticas públicas. Un ejemplo de ello es la propuesta de incluirla en kits sanitarios del sistema público para ser utilizada en caso de un delito sexual[68] y en su distribución acompañada de asesoramiento en facultades de una universidad pública de la provincia de Córdoba[69] y la Universidad Nacional de La Plata (UNLP).[70]

---

[64]   "La argentina es una sociedad que esconde sus problemas", *Página/12*, 12 de mayo de 2008.

[65]   "Córdoba apeló el fallo contra la píldora del día después", *La Nación*, 09 de agosto de 2008 y "Piden poder vender la pastilla del días después", *Clarín*, 09 de agosto de 2008.

[66]   "No hay entrega de anticonceptivos a unas 900.000 mujeres", *Clarín*, 14 de mayo de 2008.

[67]   "Asignatura pendiente", *Página/12*, 07 de marzo de 2004 y "Piden poder vender la pastilla del días después", *Clarín*, 09 de agosto de 2008.

[68]   "Víctimas de delitos sexuales", *Clarín*, 09 de octubre de 2004.

[69]   "Educación sexual de universitarias", *Clarín*, 10 de septiembre de 2004.

[70]   "Fuerte aumento de la demanda de la píldora del día después", *Clarín*, 07 de septiembre de 2008.

En este sentido, el Programa Nacional de Salud Sexual y Procreación Responsable juega un papel determinante.[71] Desde el momento en que la AE se incluye en el Programa, aquellos actores interesados en su utilización y distribución tienen suficientes argumentos como para exigir el cumplimiento de la ley desde la perspectiva del acceso igualitario y el derecho a la salud de todas las mujeres.[72] El sostenimiento en el tiempo del Programa acrecienta esta postura, ya que permite hablar de derechos adquiridos por las mujeres[73] y la necesidad de hacer cumplirlos tal cual lo establece la ley.[74]

Una vez más, el Estado manifiesta contradicciones. Así como existen profesionales que se expresan a favor del uso de la AE[75] con argumentos científicos y de salud pública, también están quienes se niegan a brindar este método en el sector público[76] y son denunciados por organizaciones de la sociedad civil. Estos actores denuncian al Estado por fallas en la distribución del método y alertan sobre esta situación que favorece el aumento de embarazos no buscados, lo que lleva a la realización de abortos y, por ende, a un aumento de las muertes de mujeres en gestación. Ante esta situación, las más afectadas

---

[71] "Advierten que se abusa de la 'píldora del día después'", *La Nación*, 13 de abril de 2008 y "Córdoba sin 'píldora del día después'", *La Nación*, 08 de agosto de 2008.

[72] "Córdoba apeló el fallo contra la píldora del día después", *La Nación*, 09 de agosto de 2008.

[73] "Fuerte aumento de la demanda de la píldora del día después", *Clarín*, 07 de septiembre de 2008.

[74] "Las deudas en salud reproductiva", *Página/12*, 18 de diciembre de 2008.

[75] "Fuerte aumento de la demanda de la píldora del día después", *Clarín*, 07 de septiembre de 2008 y "Apelarán el fallo de la Corte Suprema", *La Nación*, 7 de marzo de 2002.

[76] "Fuerte aumento de la demanda de la píldora del día después", 07 de septiembre de 2008; "Las deudas en salud reproductiva", *Página/12*, 18 de diciembre de 2008 y "Desinformación y prejuicios", *Página/12*, 20 de enero de 2008.

son aquellas que viven en condiciones de vulnerabilidad socioeconómica.[77] Si bien en el corpus analizado las voces dominantes entre los profesionales vinculados más directa o indirectamente al ámbito de la salud son las de aquellos que apoyan la utilización de AE, existe al menos un caso en el que un funcionario se manifiesta en contra de la utilización del método.[78] No obstante ello, cabe señalar como ejemplo opuesto al mencionado el caso de Tierra del Fuego, donde el Ministerio de Salud provincial apela la medida cautelar que introduce el Defensor del Pueblo para prohibir la venta y la distribución de la AE en el sistema público de salud.[79]

Otras acciones que manifiestan la tensión y el complejo papel del Estado[80] son, por un lado, la iniciativa de introducir en el sistema de salud la píldora mediante la capacitación a orientadores telefónicos que atienden a víctimas sexuales y, por otro, la denuncia de una ONG a favor de la despenalización del aborto que afirma que esas mismas mujeres no reciben la anticoncepción de emergencia cuando llegan al sistema público de salud.[81]

Prejuicios, confusión y uso correcto del método

Como en ningún otro caso, la AE es tratada en los medios con una particularidad invariable en los tres períodos analizados: la explicación de su funcionamiento y efectos. En algunos casos es de un nivel de detalle y tecnicismo bastante elevado si se lo compara con el abordaje que los

---

[77]   "Ya no hay píldoras en los hospitales", *Página/12*, 06 de mayo de 2008.
[78]   "Sólo me gusta la política por Scioli", *La Nación*, 25 de enero de 2008.
[79]   "Trabas para la 'píldora del día después' en Tierra del Fuego", *Clarín*, 09 de septiembre de 2008.
[80]   "107: emergencias sexuales y reproductivas", *Página/12*, 20 de enero de 2008.
[81]   "A la espera de señales claras", *Página/12*, 19 de enero de 2008.

medios realizan de otros métodos anticonceptivos.[82] Una posible explicación es el debate que subyace acerca del carácter abortivo o no de este método,[83] ligado a la particularidad del método que, si bien es anticonceptivo, se consume después de la relación coital.

En este sentido, un párrafo aparte merece el accionar del "periodismo militante" sobre temas sexuales y reproductivos, explicitado a través de *Página/12*, que fija una posición para hacer cumplir la ley y monitorear la política pública sanitaria que debe viabilizar la entrega y el acceso al método, acompañando las denuncias de organizaciones no gubernamentales[84] que defienden los derechos sexuales y reproductivos.[85] Estas acciones se sostienen en el discurso que explicita el uso correcto del método[86] y brinda información científica,[87] la que contrarresta la desinformación que juega a favor de los discursos de la Iglesia Católica y sus organizaciones sociales afines.

La articulación que describe la "explicación del método" también es utilizada por aquellos actores que se manifiestan en contra de este método anticonceptivo y llevan el debate hacia el terreno del momento de la concepción.[88] Además, se desarrollan articulaciones sobre el uso correcto e incorrecto de la "píldora del día después" que, en oportunidades, pueden contribuir a la confusión. Por ejemplo, en

---

[82]   "La mayoría desconoce la anticoncepción de emergencia", *La Nación*, 21 de junio de 2002 y "Para los científicos la pastilla no es abortiva", *Página/12*, 06 de marzo de 2002.

[83]   "Apelarán el fallo de la Corte Suprema", *La Nación*, 07 de marzo de 2002.

[84]   "Ya no hay píldoras en los hospitales", *Página/12*, 06 de mayo de 2008.

[85]   "Un programa en crisis", *Página/12*, 12 de mayo de 2008.

[86]   "Cómo se utiliza", *Página/12*, 09 de agosto de 2008

[87]   "Para los científicos la pastilla no es abortiva", *Página/12*, 06 de marzo de 2002.

[88]   "Córdoba apeló el fallo contra la píldora del día después", *La Nación*, 09 de agosto de 2008 y "Córdoba sin pastilla del día después", *La Nación*, 08 de agosto de 2008.

aquellos casos en los que se advierte que el método no evita enfermedades de transmisión sexual[89] sin que se explicite que ningún método anticonceptivo oral, en realidad, las previene; o cuando se pone en el mismo nivel de importancia la posibilidad de que mujeres con hipertensión o problemas cardíacos estén aptas para recibir esta píldora con efectos como náuseas, vómitos, dolores de cabeza y distensión abdominal.[90] Por otra parte, en ocasiones se hace mención a la baja probabilidad de evitar embarazos de la AE contrastándola con los anticonceptivos orales comunes.[91]

En este sentido, también se difunde en los medios la mala utilización del método, es decir, su uso como anticonceptivo regular[92] por mujeres jóvenes o adolescentes que cuentan sus experiencias[93] deslegitimando, además del método en sí mismo, la posibilidad de un uso correcto por este grupo etario.

Una pastilla "abortiva" para "evitar abortos"

Este juego de palabras refleja lo que sucede en la disputa por el sentido discursivo acerca de la utilización de la AE: quienes se oponen a su uso argumentan el carácter abortivo de la pastilla, mientras que quienes apoyan su implementación sostienen que, gracias a este método, se evitarían abortos clandestinos como producto de esos embarazos no deseados.[94]

---

[89] "Advierten que se abusa de la 'píldora del día después'", *La Nación*, 13 de abril de 2008

[90] "La mayoría desconoce la anticoncepción de emergencia", *La Nación*, 21 de junio de 2002.

[91] "Advierten que se abusa de la 'píldora del día después'", *La Nación*, 13 de abril de 2008.

[92] Ídem y "Confusiones y abusos con la pastilla del día después", *Clarín*, 30 de marzo de 2008.

[93] "Advierten que se abusa de la 'píldora del día después'", *La Nación*, 13 de abril de 2008.

[94] "Apelarán el fallo de la Corte Suprema", *La Nación*, 07 de marzo de 2002, "Ibarra sostiene una ley cuestionada", *Clarín*, 07 de marzo de 2002 y

A pesar de las explicaciones científicas proporcionadas por profesionales para disipar las dudas acerca del carácter no abortivo de la píldora, en los medios de comunicación se presentan ambas posturas, como si fuera una cuestión de "creencias" antes que el producto de una evidencia científica. No obstante, los profesionales de la salud, académicos e integrantes de movimientos sociales a favor de los derechos sexuales y reproductivos sostienen en sus discursos la explicación científica del método así como la baja probabilidad de que un embarazo se produzca como forma de argumentación a favor de su uso.

Aborto: análisis discursivos

El aborto es un tema complejo por sus connotaciones médicas, legales, religiosas y psicológicas. A nivel mundial, ocurren 46 millones de abortos por año y uno de cada cuatro embarazos termina en un aborto provocado (Faúndez y Barzelatto, 2007). América Latina es la región en la que más abortos se realizan y, simultáneamente, sus países poseen las leyes más restrictivas (Bergallo y Ramón Michel, 2009).

Debido a las restricciones legales en la Argentina es imposible conocer con exactitud la cantidad de abortos que se realizan anualmente. No obstante, se realizaron numerosos estudios para estimar la cifra, algunos de los cuales utilizaron métodos validados internacionalmente. Según Mario y Pantelides (2009), las cifras oscilan entre 460 mil y 600 mil abortos por año.

En la Argentina el aborto está penalizado, excepto en la segunda parte del artículo 86 del Código Penal Nacional (Bergallo y Michel, 2009) en el que se mencionan dos casos

---

"Los porqués de quienes apoyan o rechazan la medida", *La Nación*, 06 de marzo de 2008.

en los cuales la práctica del aborto no está penalizada y para lo cual debe contarse con el consentimiento de la mujer y la actuación de un médico diplomado. Los casos son:

- inciso 1: "evitar peligro para la vida o la salud de la madre y si este peligro no puede ser evitado por otros medios";

- inciso 2: "si el embarazo proviene de una violación o de un atentado al pudor cometido sobre una mujer idiota o demente. En este caso, el consentimiento de su representante legal deberá ser requerido para el aborto".

En términos generales se percibe que a lo largo de los períodos analizados son dos las articulaciones que estructuran el campo hegemónico del debate y que arrastran los sentidos posibles del aborto: "despenalización del aborto" y "penalización del aborto". Conforme la línea teórica adoptada, analizaremos las regularidades discursivas que estructuran el debate y sus articulaciones. Además, para cada período identificamos los regímenes de verdad. Es así como en 1998, por el tipo de formaciones discursivas predominantes, el régimen de verdad será llamado "nacional y moral", mientras que para los años 2002 y 2004, el régimen de verdad que domina el campo de la discursividad será llamado "nacional y de derecho" (Lois y Cosoy, 2005). Con respecto a 2008, consideramos que los discursos que se construyen en torno a la articulación despenalización/penalización del aborto se organizan bajo un eje que denominamos "cumplimiento de derechos".

Un poder político que comulga con los valores de la Iglesia Católica

Durante 1998, el gobierno nacional se mostró abiertamente alineado con los valores de la Iglesia Católica en el debate sobre el aborto. A cambio, la institución eclesiástica apoyó las políticas neoliberales de los gobiernos de Carlos

Menem, a pesar de los niveles de exclusión, pobreza y marginación que se manifestaron en ese entonces.

El nivel de concordancia fue tan alto que el Papa destacó públicamente la posición del gobierno nacional sobre el aborto[95] y también el expresidente Carlos Menem inauguró unas jornadas por la vida realizadas en la Universidad Católica Argentina.[96] Las señales del Poder Ejecutivo a la cúpula eclesiástica son tan evidentes que los títulos de los medios no ocultan esa realidad y nos encontramos con frases como: "Señales oficiales a la Santa Sede en contra del aborto"[97] o "Menem seduce al Vaticano".[98]

En la primera etapa analizada, el campo de la discursividad está dominado, básicamente, por actores que representan los valores religiosos y, marginalmente, aparecen las posturas de científicos, investigadores y profesionales de la salud. Aquellos actores cuyas posturas son las hegemónicas, construyen regímenes de verdad a través de principios "éticos" y "morales", que ubican al aborto como una práctica "vergonzosa" y "amoral", e incluso manifiestan que el aborto es, lisa y llanamente, "pecado".[99]

La relación entre el poder político y el poder eclesiástico en materia de aborto es tan estrecha que, en el plano discursivo, no hay diferencias entre las posiciones de la Curia y el Poder Ejecutivo. En este sentido, el caso más extremo es la creación del "Día del niño por nacer", una propuesta de política pública que surge como forma de defender la vida "desde la concepción". Se propone el 25 de marzo como fecha porque es el día en que el catolicismo celebra

---

[95]   "Mensaje del Papa", *La Nación*, 21 de abril de 1998.

[96]   "Señales oficiales a la Santa Sede en contra del aborto", *La Nación*, 06 de junio de 1998.

[97]   Ídem.

[98]   "Menem seduce al Vaticano", *Clarín*, 05 de septiembre de 1998.

[99]   "Aguinis y Laguna regresaron con 'Nuevos diálogos'", *La Nación*, 17 de junio de 1998.

la anunciación del nacimiento de Jesús. La propuesta no surge de sectores católicos hacia el poder político sino que es el mismo expresidente quien, de gira por Roma, impulsa esta iniciativa.[100] A tal punto llegan los intentos del poder político de congraciarse con la Iglesia Católica que el anuncio formal de la instauración del "Día del niño por nacer" es realizada por el expresidente Carlos Menem el 8 de diciembre, día de la Virgen.[101]

Otra de las características políticas de esta etapa es la sujeción del Poder Judicial al poder político. Durante el menemismo, esto se manifiesta a través de las decisiones de jueces consustanciados con el poder político que operan en concordancia con sus intereses. Es así como, en la provincia de Santa Fe, la Corte Suprema llegó a dictaminar la obligación de los médicos de denunciar[102] a las mujeres que abortan, poniendo por encima del secreto profesional el llamado "derecho a la vida".[103] Esto significa que, en primer lugar, se considera que la vida se produce en el momento de la concepción –al margen de los debates que por entonces y aún ahora suscita este tema– y, en segundo lugar, se impone este "derecho" por encima de otros realmente constituidos, como el secreto profesional.

En situaciones extremas como ésta, surgen voces discordantes con el discurso hegemónico. A la defensa del "derecho a la vida" que propone la Corte Suprema, actores a favor de la despenalización del aborto oponen argumentos relacionados con la asunción explícita del aborto como práctica ("revelar

---

[100]   "Menem refirmó su defensa de la vida", *La Nación*, 14 de noviembre de 1998.

[101]   "Menem instituyó el día del niño nonato", *La Nación*, 09 de diciembre de 1998.

[102]   "Le dan la razón a una médica que denunció a una paciente", *Clarín*, 27 de agosto de 1998.

[103]   "Obligan a los médicos a denunciar abortos", *La Nación*, 27 de agosto de 1998.

el secreto profesional no disminuye el número de abortos") y estadísticas sobre la relación entre abortos inseguros y mortalidad materna.[104] También, profesionales de la salud, referentes políticos de la oposición alzan sus voces para manifestarse en contra de esta decisión desplegando articulaciones relacionadas con la estigmatización y la criminalización de las mujeres, la relación entre abortos inseguros y pobreza y la preservación del derecho a la vida de la mujer que se somete a prácticas abortivas que, en ocasiones, las llevan a la muerte.[105]

Otras voces, otras notas

A pesar del discurso en contra de la despenalización del aborto desde la perspectiva de la moral católica, aparecen voces de profesionales de reconocida trayectoria desde la óptica de la salud pública, quienes presentan información estadística y validada científicamente.[106] También empiezan a percibirse formaciones discursivas que apuntan al aborto inseguro como primera causa de muerte materna; a la existencia de subregistros (dada su clandestinidad) que impiden desarrollar políticas públicas adecuadas; a la estigmatización y criminalización de la mujer que por miedo a ser denunciada no reconoce haberse realizado un aborto –lo que pone en riesgo su vida– y al hecho de que la penalización del aborto no disminuye su práctica, entre otras.[107] Esas articulaciones comenzarán a tener cada vez más presencia en los años venideros. Por el momento, sólo son formaciones discursivas marginales que no alcanzan por sí mismas a disputar la hegemonía del sentido en relación al debate penalización/despenalización del aborto.

---

[104]   "El aborto", *La Nación*, 06 de septiembre de 1998.

[105]   "Rechazan científicos el fallo sobre el aborto", *La Nación*, 11 de septiembre de 1998.

[106]   "Maternidad segura: una deuda social", *Clarín*, 04 de mayo de 1998.

[107]   "Dicen que se interrumpen por día mil embarazos", *La Nación*, 11 de septiembre de 1998.

La letra de la ley, reorganizadora del debate

Si bien finalmente en 2002 se aprobó la Ley 25673 de Salud Sexual y Procreación Responsable, en años anteriores se dio un panorama normativo a nivel provincial que, aunque heterogéneo, sentó antecedentes en esta materia, por medio de leyes provinciales y programas. Una de las pioneras fue la provincia de Chaco, con la creación y puesta en práctica del Programa de Educación para la Salud y Procreación Humana Responsable (Decreto 462/97 de la Ley 4276). Como era de esperar, la puesta en práctica de este programa provincial produjo la reacción de la Iglesia Católica y sectores ligados a ella[108] ya que, según su visión, esa política atentaría contra los valores cristianos. Como contrapartida a este tipo de reacciones, adquiere un papel fundamental el movimiento de mujeres, como actor social que demanda y apoya programas de salud que brinden información y acceso a métodos anticonceptivos a las mujeres pero también, y sobre todo, la promoción de los derechos sexuales y reproductivos. A partir de 2002 se modifican ampliamente los términos de la construcción de sentido acerca del debate sobre la penalización/despenalización del aborto con la aprobación de la Ley 25673 de creación del Programa Nacional de Salud Sexual y Procreación Responsable (Decreto 1282/03).[109] La ley asume una perspectiva de derechos humanos que contempla la autonomía para el ejercicio de una maternidad, paternidad y sexualidad responsables con la anticoncepción como herramienta preventiva para evitar embarazos no buscados y, en consecuencia, posibles abortos. La aprobación de

---

[108] "Aplican la Salud Reproductiva", *Clarín*, 02 de marzo de 1998.

[109] "Parejas: la libertad responsable", *Clarín*, 27 de noviembre de 2002, "Aprobaron la ley de salud reproductiva", *La Nación*, 31 de octubre de 2002 y "Llegó la cruzada del día después", *Página/12*, 01 de noviembre de 2002.

la ley fue resistida por sectores conservadores, la Iglesia Católica,[110] además de algunos senadores por considerarla un "proyecto abortivo".[111]

Nuevamente ante este hecho, la cuestión penalización/despenalización del aborto halló su disputa: quienes estaban a favor de la ley se manifestaron a favor de la dignidad de las mujeres más pobres, aduciendo que el aborto es la causa principal de las muertes maternas en la Argentina porque son las mujeres de menores recursos las que "no tienen acceso a la información y cuando quedan embarazadas se provocan abortos caseros".[112] Roberto Nicholson, exdocente de la Universidad de Buenos Aires, sostenía que la mayoría de las mujeres pobres no acceden ni a información ni a métodos de anticoncepción, además de reafirmar que estos últimos son la única forma de evitar los abortos.[113] Posturas de esta índole son las que pregonan el enfoque de la penalización/despenalización del aborto desde la perspectiva de salud pública.

Simultáneamente, las posturas de la Iglesia Católica y los sectores cercanos a ella reconfiguraron el debate sobre el aborto a través de dos ejes: el que sostiene que los métodos anticonceptivos incluidos en el Programa son "de carácter abortivo"[114] y el que afirma que la sanción de una ley de estas características "esconde la intención de despenalizar y hasta legalizar el aborto".[115]

---

[110] "Fuerte rechazo de la Iglesia a la ley de salud reproductiva", *La Nación*, 01 de noviembre de 2002.

[111] "En los hospitales darán métodos anticonceptivos", *Clarín*, 31 de octubre de 2002.

[112] "Aprobaron la ley de salud reproductiva", *La Nación*, 31 de octubre de 2002.

[113] "Aborto: la ideología y la desidia", *Clarín*, 15 de agosto de 2002.

[114] "La Iglesia criticó una ley de salud", *Clarín*, 01 de noviembre de 2002.

[115] "Fuerte rechazo de la Iglesia a la ley de salud sexual y reproductiva", *La Nación*, 01 de noviembre de 2002.

Nuevos actores, nuevos discursos, nuevas disputas de sentido

Con la conquista del Programa Nacional de Salud Sexual y Procreación Responsable –que cuenta con el acompañamiento, en el plano legislativo, de normativas provinciales que en el período se irán sancionando– comienza a vislumbrarse lo que, posteriormente, será un cambio en la hegemonía discursiva. La sanción de una normativa de alcance nacional traslada el debate sobre la penalización/despenalización del aborto al ámbito de la salud pública, desplazando aquellos discursos propios de la década de los años noventa cuando el debate se centraba en los aspectos bioéticos, religiosos y morales. Las articulaciones bajo la asociación entre penalización/despenalización del aborto y salud pública abren la posibilidad de introducir en el debate otros discursos, tales como la mortalidad materna,[116] la existencia de subregistro de esta práctica por su carácter clandestino (y la consecuente imposibilidad de recopilar datos estadísticos), la criminalización de la mujer, la relación entre la despenalización del aborto y los derechos sexuales y reproductivos[117] y la necesidad de educación sexual, por nombrar algunos.

Así, a medida que estos discursos van ganando terreno en los medios, lo mismo sucede con los actores que los sostienen. Cada vez con más frecuencia aparecen citados legisladores,[118] profesionales de la salud, y académicos,[119] así como –en relación con el eje de la pobreza y la exclusión– funcionarios de áreas como la de Desarrollo Social o Dirección de la Mujer.[120] Los discursos que sostienen

---

[116]   "Vidas que podrían salvarse", *Página/12*, 01 de abril de 2002.
[117]   "Una asignatura pendiente en América Latina", *Clarín*, 16 de diciembre de 2002.
[118]   "En la Argentina hay pocos proyectos presentados", *La Nación*, 12 de diciembre de 2002.
[119]   "Vidas que podrían salvarse", *Página/12*, 01 de abril de 2002.
[120]   "En los hospitales darán métodos anticonceptivos", *Clarín*, 31 de octubre de 2002.

estos actores están sustentados en datos estadísticos[121] e investigaciones que, del mismo modo, comienzan a tener cada vez más presencia.[122]

La pobreza y el discurso de la poscrisis

La crisis política, económica y social que atravesó la Argentina en 2001 configuró un nuevo escenario, del cual la problemática del aborto no es ajena. Surgieron entonces nuevos discursos relacionados con esta crisis y, sobre todo, con la pobreza[123] y la mortalidad materna: las mujeres que se realizan abortos en condiciones precarias son aquellas de menores recursos que no pueden pagar abortos clandestinos seguros, lo que las enfrenta en muchos casos a la muerte.[124]

Este contexto nacional permitió también el surgimiento de otro discurso novedoso, en esta ocasión, en contra de la despenalización del aborto: el "colonialismo biológico". Bajo este concepto, la Iglesia Católica y los sectores que apoyan sus principios afirman que los organismos internacionales de crédito condicionan el otorgamiento de financiación a los países de la región a cambio de aprobar leyes favorables a la despenalización y a la legalización del aborto.[125]

Corte Suprema, Estado e Iglesia Católica

A lo largo de 2004, el debate sobre la penalización/despenalización del aborto estará discursivamente organizado en torno a dos ejes: el de la disputa por el modelo

---

[121] "Una asignatura pendiente en América Latina", *Clarín*, 16 de diciembre de 2002.
[122] "Atienden un aborto cada cinco partos", *La Nación*, 27 de mayo de 2002 y "Vidas que podrían salvarse", *Página/12*, 01 de abril de 2002..
[123] "Una pesada deuda con las mujeres", *Clarín*, 28 de septiembre de 2002.
[124] "Atienden un aborto cada cinco partos", *La Nación*, 27 de mayo de 2002.
[125] "Para Mirás, el asistencialismo no basta; hay que crear trabajo", *La Nación*, 21 de diciembre de 2002.

de Estado y el de los derechos humanos. Tanto a un lado como al otro, actores involucrados en el debate desplegarán las estrategias discursivas necesarias para totalizar el sentido en torno a esta práctica.

En el primer caso, el del papel del Estado, será determinante la declaración pública de Carmen Argibay, una de las candidatas a Ministra de la Corte Suprema de Justicia (CSJ) –el máximo cargo que un juez puede obtener en el ámbito nacional–. A comienzos de 2004, Argibay se pronunció acerca del aborto, con opiniones que defendían la autodeterminación de las mujeres sobre sus cuerpos, las diferencias en el acceso a abortos seguros y la relación entre muerte materna, abortos inseguros y pobreza.[126] La reacción de la Iglesia Católica no tardó en llegar.[127] También, aquellos actores en contra de la despenalización –como las organizaciones no gubernamentales que difunden valores de dicha institución– alzaron su voz ante la postura de Argibay y, consecuentemente, cuestionaron su candidatura a la CSJ.[128]

Si bien el debate despliega temas como el comienzo de la vida y la disputa sobre los derechos humanos (que se analizará más adelante), subyace una disputa por el poder por y dentro del máximo tribunal. El reemplazo de los miembros de la Corte Suprema fue una de las decisiones políticas más trascendentales de la presidencia de Néstor Kirchner. Hasta entonces, la Corte estaba compuesta por jueces designados durante los gobiernos de Carlos Menem, considerados "adictos" al menemismo y símbolo de la sujeción del Poder Judicial al poder político durante la época neoliberal. En este sentido, la resistencia de ciertos sectores

---

[126]   "Aborto: una polémica posición", *La Nación*, 04 de enero de 2004.
[127]   "Sectores de la Iglesia cuestionan a Argibay", *La Nación*, 10 de enero de 2004.
[128]   "Se tensa el debate por Carmen Argibay", *La Nación*, 06 de febrero de 2004.

a las posturas de Argibay sobre el aborto –y su consecuente designación– también puede leerse como la aversión a sugestivos cambios que se estaban llevando adelante en el plano de lo político y que da cuenta del entrelazamiento de ambas disputas, la del poder político y la del debate sobre el aborto, durante este período.

La designación de Carmen Argibay genera un conjunto de expectativas y acciones por parte de grupos antagónicos con relación al tema aborto. La primera de varias críticas de parte de sectores católicos[129] provino del obispo de San Luis quien elaboró un documento para "alertar" sobre el riesgo de que la abogada Carmen Argibay con su postura "abortista" asumiera como ministra de la CSJ argumentando que

> el aborto es una decisión mortífera sobre el cuerpo de otro ser humano, voluntariamente procurado es un crimen, porque nadie, ni mujer ni varón, puede tener derecho a darle muerte al niño aún no nacido. [...] Es la hora de los laicos, de los católicos y de los hombres y mujeres de buena voluntad dispuestos a defender el primero de los derechos humanos: el derecho a la vida.[130]

Por otra parte, otros actores sociales –desde juristas, algunos políticos y académicos hasta el movimiento de mujeres y organizaciones de la sociedad civil– adhirieron en apoyo a la designación de Argibay. Por ejemplo, el Centro de Estudios Legales y Sociales (CELS) indicó que la postura de Argibay: "sólo pone en evidencia una problemática terrible que vive el país y que ha sido reconocida por diversos organismos internacionales de derechos humanos [ya que] los abortos clandestinos son la principal causa de muerte materna".[131]

---

[129]   "Los reclamos de la Pastoral", *Página/12*, 13 de febrero de 2004.
[130]   "Un Torquemada en San Luis", *Página /12*, 09 de enero de 2004.
[131]   "Sobrevolando los prejuicios", *Página/12*, 05 de febrero de 2004.

Las relaciones antagónicas se presentan del siguiente modo. Por un lado, se da una operación de totalización por medio de la cual una demanda social particular, que sostiene la penalización y la asimilación de la noción de aborto como sinónimo de crimen, puja por constituirse en una totalidad del bien moral y público, democrático y constitucional. Por otro lado, hay sectores que pujan por darle a la noción de despenalización del aborto un sentido vinculado a problema urgente de salud pública, basado en evidencias. A partir de 2004, se percibe a esta última postura como la que comienza a ganar preponderancia.

En julio de 2004 se resolvió positivamente la asignación del cargo para Argibay, por una amplia mayoría de adhesiones, no sin una resistencia manifiesta de parte de grupos católicos.[132] Ahora bien, sucesos de este tipo expresan que la articulación aborto-salud pública-despenalización ha alcanzado un grado llamativo de literalización contra articulaciones penalizadoras.

En la controversia sobre la práctica del aborto persiste en nuestro país una relación significante entre las competencias del Estado y los preceptos de la religión católica. Operación significante que delimita el campo de la salud y los derechos sexuales y reproductivos en general y la penalización/despenalización del aborto en particular. Se habla de posibilidades, pero también de límites para un debate sociopolítico abierto sobre el aborto, en el que el Estado pueda posicionarse frente a la Iglesia y en calidad de actor laico no dependiente de sus preceptos. Un ejemplo de estas limitaciones es el hecho de que durante el proceso de designación de Argibay se produjo una reunión entre el canciller Rafael Bielsa y el Papa Juan Pablo II en Roma, en la que el mandatario, al calor de los enfrentamientos por

---

[132] "La ofensiva del paquete piquete clerical", *Página/12*, 08 de julio de 2004.

la asignación de Argibay y su repercusión internacional, se ocupó de confirmarle al Sumo Pontífice que la Argentina mantenía una postura "antiabortista".[133]

Para los grupos en contra de la despenalización del aborto, Argibay pasa a ser una especie de figura sintomática de dicha apertura, una amenaza. En tanto actor social, sus declaraciones reubicaron el debate sobre penalización/ despenalización del aborto en la agenda de los medios. Lo mismo sucedió cuando el Ministro de Salud Ginés González García consideró que, de ser despenalizado el aborto, disminuiría la cantidad de muertes maternas: "Si estuviera despenalizado, probablemente mejoraríamos los tratamientos [porque] obviamente una actividad que se legaliza deja la clandestinidad, deja de hacerse donde se está haciendo en estos momentos, que son los lugares peores y muchos de ellos tienen consecuencias como la mortalidad materna."[134]

A diferencia de los períodos anteriores, en 2004 no sólo es un funcionario nacional quien se manifiesta públicamente a favor de esta práctica, sino que quien lo enuncia es el principal responsable del área de Salud, lo que otorga a este discurso un poder de interpelación mayor al de otros actores. Y un discurso que interpela es un discurso que dispara remisiones; al hacerlo –al "abrir el juego" – ocupa un lugar central en la disputa hegemónica del sentido (Lois y Cosoy, 2005).

El hecho de que sea un Ministro de Salud quien públicamente se manifieste, no sólo genera que otros actores tomen posición sobre el tema, sino que reubica el debate en la salud pública, corriendo el eje de la perspectiva según la cual despenalización del aborto es asociado a "crimen

---

[133] "Todos los temas obligados", *Página/12*, 12 de abril de 2004.
[134] "Una aclaración sobre el aborto que sonó bien a oídos del Vaticano", *Página/12*, 29 de noviembre de 04.

horrendo", "muerte" y "asesinato de indefensos", aspectos
que dominaron el campo de la discursividad en 1998.
Además, las declaraciones del Ministro de Salud tuvieron
un impacto discursivo que puede medirse por la reacción
de los grupos contrarios a la despenalización, quienes
consideran que los dichos esconden objetivos como

> leyes de educación sexual, para entrenar a los niños en la
> promiscuidad sexual, con mentalidad y práctica contra-
> ceptiva [...], combatir la pobreza eliminando a los pobres,
> al impedirles tener descendencia, [...] la despenalización
> del aborto en la Argentina para cumplir así una orden del
> Banco Mundial para que nuestro país lo legalice durante el
> año 2005, sea por vía del Congreso o por sentencia de una
> Corte Suprema, cada vez más indisimuladamente adicta al
> actual régimen gobernante.[135]

Por último, las declaraciones del Ministro de Salud
también generan respuestas de los sectores que están a
favor de la despenalización, quienes "recogen el guante"
porque encuentran la posibilidad de dar el debate en la
sociedad[136] o de reforzar las articulaciones entre los discursos sobre aborto, mortalidad materna, pobreza y derechos
sexuales y reproductivos.[137]

Derechos humanos a un lado y al otro del debate

También en 2004, los derechos humanos pasan a ser
arena de disputa del sentido entre quienes apoyan la despenalización del aborto y quienes consideran que el aborto
debe seguir siendo una práctica prohibida por la ley.

Los derechos humanos se vuelven un punto nodal,
un objeto legitimador de múltiples referencias entre ellas
las relacionadas con el debate acerca de la penalización/

---

[135]   "Falsas estadísticas", *La Nación*, 17 de diciembre de 2004.
[136]   "Es hora de tratarlo", *Página/12*, 30 de noviembre de 2004.
[137]   "Muerte silenciada", *Página/12*, 25 de octubre de 2004.

despenalización del aborto. No es casual que se apele al discurso sobre derechos humanos en un momento histórico en el cual el tema se retoma en las agendas sociales. En 2004, el gobierno nacional ordenó descolgar los cuadros de los responsables del genocidio llevado a cabo durante la última dictadura del Colegio Militar y recuperó la Escuela de Mecánica de la Armada (ESMA), que funcionó como centro de detención clandestino en la misma dictadura, para que allí se fundara un Espacio para la Memoria gestionado por diversas organizaciones de derechos humanos.

En relación con la problemática del aborto, el significante "derechos humanos" es utilizado por quienes consideran que es un derecho irrenunciable para el "niño por nacer" y por quienes creen –desde la perspectiva de la salud pública– que la despenalización del aborto es un tema de derechos humanos de las mujeres, quienes tienen derecho a decidir sobre sus propios cuerpos y a la planificación familiar.[138]

El valor hegemónico del discurso de revalorización de los derechos humanos puede constatarse en sus articulaciones con las posiciones en contra de la despenalización. Por supuesto, por proximidad, siempre va a resultar identificable como momento de la articulación con los discursos a favor de la despenalización, pero es justamente en su articulación con los discursos contrarios, con los que parece contradecirse, en la que se verifica su carácter hegemónico, de punto nodal. La articulación aborto-derechos humanos ofrece un terreno propicio para articular, desde un posicionamiento en contra de la despenalización, "derechos humanos" con "derecho a la vida" y, por propiedad transitiva, "derecho a la vida desde la concepción" (Lois y Cosoy, 2005).

---

[138]   "Un día para exigir", *Página/12*, 28 de septiembre de 2004.

Renovación de estrategias discursivas

Durante 2008 se observa un estancamiento en la posibilidad de que el aborto se posicione definitivamente como un problema de salud en las políticas públicas. Como parte del equipo de gestión del gobierno de Cristina Fernández de Kirchner asume Graciela Ocaña el cargo de Ministra de Salud de la Nación. Su postura respecto de la problemática del aborto será opuesta a la de su antecesor, Ginés González García. Ocaña, primera mujer en asumir ese cargo, declarará que el problema del aborto es "un tema de política criminal" (no sanitaria) y que "no es materia del Ministerio".[139] Estas declaraciones fueron resistidas por distintos actores a favor de la despenalización del aborto, para quienes es una cuestión de salud pública, su ilegalidad afecta a los derechos de las mujeres y su realización en la clandestinidad es la principal causa de mortalidad materna.[140] Dichos actores también subrayaron la necesidad de que la ministra siguiera con la línea planteada por González García, a favor de la despenalización. De todas formas, el debate sobre la penalización/despenalización mantiene su disputa significativa en los mismos planos en los que se venía desarrollando: salud pública, mortalidad materna y derechos humanos. Mabel Bianco (Fundación para el Estudio y la Investigación de la Mujer, FEIM) lo sintetiza diciendo que el aborto "es un problema de salud pública: es el principal factor que está manteniendo la tasa de mortalidad materna en los niveles que tenemos".[141]

---

[139]   "El aborto, ¿es un asunto de política criminal o sanitaria?", *Página/12*, 26 de diciembre de 2007. Si bien estas declaraciones se producen en los últimos días de 2007, son retomadas en el análisis porque las mismas constituyen formaciones discursivas que estarán presentes en el período 2008.

[140]   "El aborto, ¿es un asunto de política criminal o sanitaria?", *Página/12*, 26 de diciembre de 2007.

[141]   Ídem.

Una vez más, la presencia de actores fundamentales en el debate determina los términos de la discusión y es así como las declaraciones de Graciela Ocaña reorganizan la disputa por el sentido y renuevan las estrategias de los actores que están tanto a favor como en contra de la despenalización.

Avances y retrocesos simultáneos

La postura de la ministra Ocaña es un llamado de atención para quienes encontraron en el anterior Ministro la posibilidad de avanzar sobre la despenalización del aborto. En este sentido, se alerta sobre el posible desaliento en la distribución de la Guía Técnica para la Atención Integral de los Abortos No Punibles elaborada en el Ministerio de Salud bajo la gestión de González García. Desde una perspectiva restrictiva, Ocaña argumentó que no acuerda con la interpretación amplia del inciso 2º del artículo 86 del Código Penal que hace el manual citado.[142] La guía considera que cualquier mujer que resulta embarazada en una violación –y no sólo aquellas "idiotas o dementes" – tiene derecho a un aborto en un hospital público. Pese al desacuerdo manifestado por la ministra de Salud, especialistas en salud sexual y reproductiva le solicitaron que distribuya y difunda la Guía Técnica.[143]

Paradójicamente, actores opuestos a la despenalización del aborto también pusieron la voz de alerta y sectores como la Iglesia Católica afirmaron que existe "voluntad abortista en esferas oficiales", que comenzó con la Guía Técnica y que continúa con proyectos de ley que "van y vienen" y "jueces que están a favor del aborto". Además, en 2008, la Iglesia Católica continúa sosteniendo que estas

---

[142]   "Una carta de Ocaña para la difusión de un protocolo", *Página/12*, 07 de julio de 2008.
[143]   Ídem.

iniciativas responden a las "agendas impuestas" por organismos internacionales como la Organización Mundial de la Salud (OMS) y el Banco Interamericano de Desarrollo (BID).[144]

Lo singular de este período es la forma en que se complejiza esta problemática en el plano discursivo: los puntos nodales están tan cerrados sobre sí mismos que ni a un lado ni al otro de la frontera discursiva logran desplegarse discursos diferenciados. Ambos sectores, utilizan el discurso de la "amenaza" en sentido diametralmente opuesto.

Abortos no punibles: una nueva articulación para un mismo debate

Hasta 2008, los términos del debate estuvieron planteados en relación con la despenalización o no del aborto, dejando de lado las condiciones de posibilidad de realizar los abortos que el Código Penal permite. El campo de lucha de la despenalización del aborto se verá estrechamente condicionado por las discusiones cada vez más intensas acerca de los casos de abortos no punibles en nuestro país, situación que se percibe a un lado y al otro del debate, como condición de posibilidad para la despenalización del aborto. Pese al estancamiento de la decisión política efectiva y la presencia de una visión patriarcal por parte de políticos y magistrados, en el último período analizado se mantienen aquellos discursos que sostienen que la despenalización del aborto es una cuestión de derechos humanos y responde a los principios de un Estado laico.

El debate surge, en gran medida, por la visibilidad que tomaron en los medios los casos de embarazos producto de violaciones cometidos contra mujeres con discapacidad mental, en los que, tal como lo estipula el artículo 86

---

144   "Advierten sobre la despenalización", *La Nación*, 19 de marzo de 2008.

del Código Penal, el aborto está permitido. También, el tratamiento mediático de estos sucesos pone en evidencia otra problemática compleja como es la interpretación del mencionado artículo, según la cual, desde una perspectiva menos restrictiva, se estaría refiriendo a la no punibilidad del aborto,[145] cualquiera sea la condición de la mujer víctima de ese delito sexual.[146]

Por citar un ejemplo, para dar cuenta de la complejidad del asunto y la variedad de actores sociales –y discursos en disputa– que intervienen, mencionamos el caso de una niña de 12 años violada y embarazada en Mendoza.[147] Casos de este tipo fueron planteados como "no punibles" desde la coordinación del Programa Nacional de Salud Sexual y Procreación Responsable, que exhortó al Congreso a que reglamentara la atención en los hospitales de esos casos para evitar su judicialización.[148] Sin embargo, desde la interpretación restrictiva al CPN por parte de la Ministra Ocaña, aquel caso no encuadraba en los supuestos de no punibilidad por no tratarse de una niña "idiota o demente" y no intercedió.[149] No obstante ello, en aquel momento diputados y diputadas de diferente procedencia partidaria intentaron fallidamente promover un proyecto para aclarar la redacción del artículo 86 del CPN, que buscaba evitar la recurrente intervención judicial en los casos de aborto no punible.[150] A raíz de un caso de aborto no punible similar (que sucedió en el conurbano bonaeren-

---

[145]   "La ley de aborto no punible, al *freezer*", *Página/12*, 18 de noviembre de 2008.

[146]   "Vuelve al Congreso el debate por el aborto", *La Nación*, 19 de marzo de 2008.

[147]   "Un debate que quedó interrumpido", *Página/12*, 13 de septiembre de 2008.

[148]   "Nuevas trabas y demoras", *Página/12*, 11 de septiembre de 2008.

[149]   "Los desafíos en salud sexual", *Página/12*, 11 de diciembre de 2008.

[150]   "La ley de aborto no punible, al *freezer*", *Página/12*, 18 de noviembre de 2008.

se) la Argentina enfrentó una demanda ante el Comité de Derechos Humanos de la ONU.[151] En consecuencia, el gobierno nacional reconoció ante el CDH de la ONU que en casos de ese tipo se trataba de una judicialización innecesaria[152] y que el impedimento del aborto no punible constituye una violación de los derechos humanos de las mujeres en la Argentina.[153] Las organizaciones no gubernamentales denunciantes solicitaban que la condena al estado argentino contemplase la implementación de una serie de medidas que impidieran la sistemática obstaculización al acceso a abortos no punibles.[154]

Bajo el manto de resistencias a la despenalización del aborto, las discrepancias sobre los casos no punibles, en particular los concernientes a violación, seguirán atados a la decisión de los magistrados. También en Bahía Blanca se obstaculizó la realización de un aborto no punible. En ese caso se trató de una chica con discapacidad mental y embarazada tras una violación cuyo aborto fue impedido por la intervención de un juez[155] que hizo lugar a un recurso de amparo y ordenó suspender la práctica de la interrupción por 48 horas.[156] La defensora general de Bahía Blanca, Graciela Cortázar, dijo que ese juez debe decidir "si es juez de los religiosos o de la Nación".[157] Desde el Foro por los Derechos Reproductivos y la Campaña Nacional por el Derecho al Aborto Legal Seguro y Gratuito se acusó este accionar como "un nuevo avasallamiento de corporaciones

---

[151]   "Con el rosario en lugar del Código", *Página/12*, 01 de octubre de 2008.
[152]   Ídem.
[153]   "Un debate que quedó interrumpido", *Página/12*, 13 de septiembre de 2008.
[154]   "El petitorio de las ONG", *Página/12*, 11 de septiembre de 2008.
[155]   "Bahía Blanca: disputa por el freno al aborto de una joven violada", *La Nación*, 01 de octubre de 2008.
[156]   "Tras una polémica, podrá abortar una discapacitada mental violada", *Clarín*, 02 de octubre de 2008.
[157]   "Un día de justicia en Bahía Blanca", *Página/12*, 02 de octubre de 2008.

religiosas que impiden que este Estado que exigimos laico y sus funcionarios comprometidos por juramento público a hacer cumplir las leyes, garanticen los derechos de las mujeres como derechos humanos universales".[158]

Simultáneamente al calor de los hechos narrados, se suceden en el período menciones en los medios acerca de iniciativas en el ámbito legislativo para revertir estas situaciones. En octubre de 2008, la Comisión de Salud de la legislatura porteña logró llevar adelante la segunda jornada pública de discusión por la reglamentación de los casos de abortos no penados por el CPN,[159] desde la cual un diputado del oficialismo denunció que "tenemos que despojarnos de los fundamentalismos o no vamos a resolver nada".[160] En contraposición, un grupo de médicos que asistieron a esas jornadas se opusieron a la despenalización del aborto de manera contundente argumentando que lo hacían en "defensa de la vida".[161]

Por otra parte, sectores favorables a la despenalización impulsaron a través de legisladores la ampliación de la despenalización en los casos de violación, para que fueran incluidas todas las mujeres, cualquiera sea su condición y que esa autorización no requiera denuncia que confirme la realización del delito.[162] Esta iniciativa provocó la reacción de sectores contrarios a estas medidas, quienes vieron en los proyectos de ley un atajo para despenalizar totalmente el aborto.[163] La propuesta que enunciaron los legisladores es dejar de ver el aborto como una cuestión

---

[158] "Con el rosario en lugar del Código", *Página/12*, 01 de octubre de 2008.
[159] "Comenzó el debate para reglamentar los abortos no punibles", *La Nación*, 04 de octubre de 2008.
[160] "Con el rosario en lugar del Código", *Página/12*, 01 de octubre de 2008.
[161] Ídem.
[162] "Proponen ampliar la lista de abortos no punibles", *La Nación*, 07 de agosto de 2010.
[163] "Aborto y derechos humanos", *La Nación*, 17 de agosto de 2008.

penal para considerarlo una cuestión de salud[164] y retomar la perspectiva de la importancia en la mejora de la atención médica en las complicaciones posaborto,[165] como así también, mantener instalado en el debate que las muertes producidas por abortos inseguros son muertes evitables donde la prevención de los embarazos no buscados resulta la primera medida a implementar.

Fertilización asistida: análisis discursivos

En 2003 la OMS estimó que en los países en desarrollo había más de 186 millones de parejas (exceptuando China) con problemas de fertilidad (Butler, 2003). En 2009, la OMS y el Comité Internacional de Evaluación de Técnicas de Reproducción Asistida dieron a conocer un nuevo glosario de la terminología internacional en el que se reconocía la infertilidad como "enfermedad del sistema reproductivo definida como la incapacidad de lograr un embarazo clínico después de 12 meses o más de relaciones sexuales no protegidas" (OMS, 2010 [2009]: 7). A nivel estadístico no existen datos cuantitativos que describan la prevalencia de la infertilidad en el país (Ariza, 2008). Del mismo modo, la infertilidad no ha llegado a ser un tema prioritario en las políticas sobre salud reproductiva (Luna, 2002).

El surgimiento de los servicios privados en tecnología reproductiva en la Argentina durante la década de los años ochenta coincidió con el debilitamiento en la gestión pública del sistema de salud. Si bien las tecnologías reproductivas fueron llevadas a cabo a partir de 1986, no se alentaron iniciativas que permitieran que los servicios de

---

[164]   "Aborto: qué pasa en la Argentina", *Clarín*, 15 de noviembre de 2008.
[165]   "La primera causa de mortalidad materna sigue siendo el aborto", *Clarín*, 24 de junio de 2008.

FA fueran ofrecidos en hospitales públicos ni considerados en los sistemas de salud prepagos (Ariza, 2008; Luna,
2002). En los últimos años, a las discusiones en ámbitos
académicos, bioéticos, médicos y legislativos, se sumaron
intervenciones por parte de la sociedad civil (Sommer,
1999; Luna, 2002; Garay, 2008; Ariza, 2008) que demandan
la cobertura de los tratamientos por las obras sociales y
prepagas. Además, se evidencia una dificultad para con-
sensuar los intereses de diferentes sectores en una norma
escrita que regule las prácticas en nuestro país dado que
hasta la fecha, la Argentina no cuenta, a nivel nacional, con
una regulación legal de la oferta de medicina reproductiva,
aunque sí existen lineamientos éticos y consensos médicos
sobre buenas prácticas, instaurados dentro del mismo
campo reproductivo (Garay, 2008), así como proyectos de
ley nacionales que, frecuentemente, han tendido a perder
estado parlamentario. Sin embargo, entre 2009 y 2010 se
aprobaron resoluciones y leyes en el nivel provincial que
disponen la cobertura médica, en especial para aquellos
casos que resulten diagnosticados médicamente como
"infertilidad". En general, las resoluciones y leyes implican
el acuerdo del Estado con una sola prestadora provincial.

Si bien las leyes y resoluciones comentadas resultan
novedosas luego de 25 años de practicarse, la FA en el país
no presenta un panorama alentador para alcanzar una ley
a nivel nacional. En general, no se ha profundizado sobre
derechos reproductivos para un conjunto poblacional más
diverso (personas solteras, parejas homosexuales, personas
que viven con VIH/sida). No obstante ello, en la provincia
de Río Negro, la FA es considerada desde la perspectiva de
la infertilidad como tema de derechos reproductivos.[166] Las
diversas leyes y resoluciones existentes tienden a priorizar los tratamientos homólogos (material biológico de la

---

[166]   La Ley 4557/10 hace referencia a un "derecho a la descendencia".

pareja que realiza el tratamiento) y se omiten tratamientos heterólogos (donación/uso de gametos de terceros). Otras omisiones tienen que ver con la resolución jurídica sobre la filiación en los casos de donación heteróloga y la regulación sobre las prácticas de crioconservación de embriones humanos.

El análisis de la FA se desarrollará en torno a tres regímenes de verdad –presentes con distinta intensidad, según los períodos analizados–. Los posicionamientos discursivos divergentes entre estos regímenes de verdad, a su vez, van a tender a coincidir en que hay un "vacío legal" sobre la FA en el país. Ese significante condensará un conjunto multiacentual de demandas en medio de la arena de disputa por la FA.

El primer régimen de verdad tiene una connotación doble de rechazo a estas prácticas: la asociación de la FA con aborto/manipulación de embriones, bajo la creencia de que el embrión es ya un ser humano con derechos. A partir de esta asociación, opera otra creencia que indica que la FA debe ser, sino eliminada, al menos restringida. Allí circula una segunda creencia, la de "efecto dominó", por medio de la cual esta práctica llevaría a la disolución del tejido social en su conjunto. Este posicionamiento de grupos coincidentes con la moral católica va a conservar un espacio considerable en la "arena reproductiva"[167] a lo

---

[167]   Cuando hacemos referencia a "arena reproductiva" nos referiremos (tal como lo indicamos en el marco teórico) a la arena de disputa por la significación, donde se desarrollan enfrentamientos y alianzas y se ponen en juego las distintas posiciones de sujeto. Cuando hablemos de "campo reproductivo" (que implica apuestas e intereses específicos, en sentido bourdieuano) estaremos planteando aquel espacio (no homogéneo) conformado por los especialistas de la fertilización asistida (médicos, clínicas, investigadores, etc.). Cuando hablemos de "mercado reproductivo" nos referiremos a los especialistas del campo reproductivo, que se reconocen y son reconocidos en una lógica signada por el posicionamiento de la oferta

largo del tiempo, con períodos de mayor y menor visibilidad en los medios gráficos.

En contraposición al primer régimen, tanto en el segundo como en el tercer régimen de verdad la práctica de FA es admitida y se sostiene bajo la asociación de la infertilidad con una enfermedad. Sin embargo, se observan matices diferenciales que van a modificar esa relación, en tanto ambos regímenes batallan el sentido sobre la prestación del servicio. Mientras uno sostiene tintes tecnologistas y de mercado, el otro pondera el rol del Estado en la salud de la población.

En el segundo régimen de verdad, la práctica de FA es constituida bajo la creencia de que la técnica es neutral y, por lo tanto, no es problemática (inclusive es deseable) la autorregulación de la práctica desde el mismo campo, que se ve regido por el "mercado reproductivo" instituido. Esta discursividad circula, con distinto alcance, entre actores que representan a las clínicas de fertilidad y algunos investigadores y académicos del campo reproductivo en general. También contribuyen discursivamente organizaciones no gubernamentales de pacientes, sobre todo con el reclamo por la inclusión en el Programa Médico Obligatorio (PMO), en términos de accesibilidad económica, pero sin cuestionar la regulación de las prácticas mismas ni quién las regula. Este régimen batalla un espacio más notorio desde 2002 y persiste crecientemente durante 2004 y 2008.

El tercer régimen de verdad asume que la prestación del servicio es un asunto de salud pública que debe ser regulado y garantizado desde el Estado, como parte de los derechos reproductivos. Aquí la demanda de una legislación sobre FA advierte sobre cuidados y riesgos para la salud, además del acceso económico. Este régimen se hace relativamente visible a partir de 2002. La significación en pugna desde aquí se observa poco constante, a pesar de que en los medios masivos se puede identificar tal posicionamiento en diversos actores: entidades internacionales representadas por profesionales locales, especialistas de los ámbitos público y privado, investigadores y académicos. Desde la sociedad civil no se observa una identificación contundente respecto de esa forma de posicionamiento, si bien existen matices.

Acerca de la "población congelada"

Una de las características del tratamiento social de FA en los medios estudiados tiene que ver con mensajes en los que predomina la función referencial de la comunicación que, lejos de ser ajena a las operaciones discursivas, las vehiculiza y orienta. En 1998 comenzarán a incrementarse las intervenciones de especialistas de institutos privados de fertilidad, que suministran información y opiniones que alientan una legitimidad de las prácticas de FA. Bajo estas operaciones, la infertilidad será dimensionada como la contracara de la FA y viceversa. Se trazan algunos límites a su sentido al derivar sus distintos aspectos (causas, características, posibilidades de la ciencia, etc.) a la experiencia privada de poder o no concebir hijos.[168]

En 1998, institutos y centros especializados de investigación en reproducción humana destacaron que una ley de FA restrictiva resultaba incompatible con su trabajo, denotaba ignorancia en el tema y criminalizaba a los investigadores que se verían obligados a irse del país para poder trabajar.[169] Dichas afirmaciones refieren al hecho de que en 1997 se dio media sanción en el Senado a un proyecto del PJ que habilitaba la FA solamente para parejas heterosexuales infértiles, casadas o convivientes de hecho durante tres años, que hayan probado infructuosamente otras técnicas

---

[168]   "Aumentaron en cinco años los casos de fertilización asistida", *La Nación*, 16 de febrero de 1998.

[169]   "La mejor arma será la decepción", *La Nación*, 01 de febrero de 1998.

menos complejas. Se proponía un cambio en los artículos 63 y 70 del Código Civil y se buscaba establecer que la concepción comenzaba tanto dentro como fuera del seno materno y que el embrión tenía los mismos derechos que la persona nacida. Tal proyecto de ley penalizaba a quien destruyera un óvulo fecundado fuera del seno materno, equiparándolo con un homicidio. También penalizaba con prisión a la mujer que consintiera fecundar un óvulo y luego se negase a su implantación o lo abandonara.[170] Este proyecto fue apoyado por sectores de la Iglesia Católica[171] y criticado desde el ámbito académico por no garantizar los derechos de las personas con problemas reproductivos.[172]

También en este período se presentaron opiniones divergentes entre los especialistas[173] sobre el sentido y las posibilidades de los avances científicos. La ausencia del Estado no se limitó a la falta de promoción de una ley que "permita" o que "restrinja" la FA. Según el corpus seleccionado, el Estado está al margen de los criterios tanto de aplicación como de investigación y construcción de datos oficiales sobre la prevalencia, las causas y otros aspectos relacionados con la infertilidad en el país. Los datos que circularán en los medios gráficos serán principalmente difundidos por los institutos de fecundación privados quienes se constituyen en referentes sobre el tema. La información que suministrarán esos institutos indicará una "inminente" tendencia al crecimiento de la infertilidad en el país y aducirán que ello puede ser observado directamente ante la recurrencia progresiva en el uso de este tipo de tratamientos por parte de la población.[174]

---

[170] ""Rechazan el proyecto de fecundación", *La Nación*, 04 de julio de 1997.
[171] Ídem.
[172] "El Senado desprotege a las mujeres", *Clarín*, 27 de agosto de 1997.
[173] "Las cigüeñas que solo traen nenas", *Página/12*, 11 de septiembre de 1998.
[174] Ídem.

Institutos de investigación y clínicas de reproducción humana nacionales anunciaron, durante 1998, que en el país existían hasta entonces unos 1200 embriones congelados; que no había ninguna ley que lo prohibiera y que el único destino de estos embriones era el útero,[175] y aludían que éstos no eran destinados a experimentación ni tampoco destruidos. Estas aclaraciones fueron realizadas a partir de la presentación, en 1993, de una medida cautelar realizada por un abogado católico para que se "protegiera" a los embriones congelados ya que, sostuvo, "se están congelando personas".[176] Un juez falló a favor, basándose en esa noción. Sin embargo, recién en 1999, la Cámara Civil confirmó el fallo[177] y ordenó al Gobierno de la Ciudad de Buenos Aires que hiciera un censo semestral de los embriones congelados e identificara a sus padres. La Cámara Civil también le haría saber al Ministerio de Justicia la "imperiosa necesidad" de que una legislación brinde solución a las diversas cuestiones jurídicas que plantea la utilización de las técnicas de FA. El fallo indicaba que antes de realizar cualquier donación se debía dar aviso al juzgado. Las medidas señaladas fueron apeladas por las clínicas y la causa no volvió a resonar hasta 2004. Los institutos de FA señalaron que "todos" coincidían en que los embriones no debían ser destruidos, pero que prohibir el congelamiento impediría realizar los tratamientos y argumentaron que un censo era "inviable", debido a que el número de embriones congelados y utilizados variaba "permanentemente".[178]

---

[175]   "La calidad del semen del género humano disminuye", *Clarín*, 19 de febrero de 1998.

[176]   "La Justicia pide un censo de los embriones que se guardan congelados", *Página/12*, 07 de diciembre de 1999.

[177]   C. Nac. Civil, Sala I, "Rabinovich, Ricardo D. s/ medidas precautorias", 03 de diciembre de 1999.

[178]   "La Justicia pide un censo de los embriones que se guardan congelados", *Página/12*, 07 de diciembre de 1999.

Asimismo, los especialistas manifestaron que el congelamiento de embriones sirve para favorecer la reducción de embarazos múltiples y sus riesgos.[179]

Dicha situación corrobora la ineficacia de posturas anacrónicas para abordar legalmente el tema de la crioconservación de embriones. Es así como, en el período, circulará un relato sintomático, basado en que la aceptación de este tipo de técnicas –al igual que el aborto– sólo habría de conducir a la disolución social y que, por ello, deberían ser rechazadas. Por otra parte, se expande enérgicamente una práctica que, a medida que se va asentando ante la no regulación estatal, se distancia de la perspectiva de derechos para asumir una lógica cientificista cada vez más cercana a la del "mercado reproductivo". Esa tendencia se irá sustentando en un relato de "ayuda a la maternidad y la paternidad".

¿Derecho reproductivo o servicio al consumidor?

Durante 2002 se observa una incipiente problematización de la FA como un tema de salud reproductiva, enfoque a partir del cual se acentuarán un conjunto de matices diferenciales y se harán visibles intervenciones de nuevos actores. La FA se vinculará intensamente al "mercado reproductivo" y a la donación de esperma, mientras que el Estado seguirá sin intervenir sobre la regulación de estas técnicas.

En 2002 la OMS dedicará una reunión internacional de evaluación y un libro al estado de la cuestión (OMS, 2002) que mostrarán un reconocimiento de la FA como práctica establecida y reconocida que necesita un seguimiento. En el marco del XII Congreso Mundial de Fertilización *in vitro* y Reproducción Molecular,[180] se advirtió sobre los

---

[179]   Ídem.
[180]   Este evento contó con el auspicio de la Sociedad Americana de Medicina Reproductiva, la Sociedad Argentina de Esterilidad y Fertilidad,

"costos y riesgos"[181] de las técnicas de FA, especialmente en casos de embarazo múltiple. Tal situación se agravaba por la "falta de regulaciones" sobre el tema.[182] Asimismo, los expositores denunciaron que la carencia de información adecuada sobre estas prácticas y sus límites generaba "falsas expectativas"[183] en los pacientes y que el tratamiento social sobre la FA daba cuenta de que "vivimos en una época de euforia reproductiva" basada en una "novelería de la reproducción".[184]

A pesar de que durante 2002 se sancionó la Ley Nacional de Salud Sexual y Procreación Responsable, no será recurrente la asociación de la FA con dicha ley por parte de organizaciones no gubernamentales y otros actores del sector, ya que las organizaciones tendrán un enfoque sectorial –integrantes de clase media y alta– y de "usuarios" de la FA que demandan en función de sus intereses. Ese año se destaca en el espacio público Concebir,[185] organización que lleva adelante una especie de activismo entre pacientes, brinda apoyo psicológico y ofrece información a parejas con problemas de infertilidad.[186] Ese año, esta organización no gubernamental participó del Mes Internacional de la Infertilidad, iniciativa de la American Fertility Association (AFA) de Estados Unidos, retomada por el International

---

la Sociedad Brasilera de Reproducción Humana, la Universidad de Buenos Aires, la Sociedad Argentina de Ginecología y Endocrinología Reproductiva, y otras organizaciones científicas y médicas de renombre internacional.

[181] "Los costos económicos y físicos de los embarazos múltiples", *Clarín*, 13 de marzo de 2002.

[182] Ídem.

[183] Ídem.

[184] "Vivimos en una época de euforia reproductiva", *La Nación*, 14 de marzo de 2002.

[185] Asociación perteneciente a la Federación Internacional de Asociaciones de Pacientes con Infertilidad (IFIPA) y miembro de una asociación de "apoyo a los consumidores".

[186] "Un dolor puro de esterilidad", *Página/12*, 28 de noviembre de 2002.

Consumer Support for Infertility (ICSI), de la cual Concebir es miembro.[187]

También en 2002 se destaca lo que el mismo campo de la reproducción llamó "turismo reproductivo". Por la crisis de 2001 se produce una baja en los tratamientos, lo que obliga a los centros de fertilidad a extender sus servicios a pacientes extranjeros. Tal oferta de asistencia médica se combinó con *slogans* publicitarios[188] y servicios turísticos para la estadía en el país;[189] lo mismo que sucedió en clínicas dedicadas a otros temas en salud.[190] Por otra parte, comenzó a instalarse el tema de la donación de esperma:[191] algunas clínicas cuentan con bancos que poseen un "catálogo de donantes", que se rigen bajo el criterio de confidencialidad de su identidad, a menos que medie una orden judicial.[192] También ese año otros cambios se produjeron, como la progresiva aceptación por parte de los institutos de la atención de parejas de lesbianas y mujeres solas.[193] Igualmente hubo divergencias entre las clínicas que apoyaron este tipo de tratamientos y aquellas para las cuales los tratamientos sólo son viables en caso de infertilidad.[194] La prestación a personas solas, cónyuges y lesbianas fue rechazada por religiosos por ser contraria a la familia tradicional.[195] Al mismo tiempo, las posibilidades de conservación de óvulos[196]

---

[187]   Sitio Web Oficial de ONG Concebir: http://www.concebir.org.ar

[188]   Ídem.

[189]   "Los centros de fertilización tientan a parejas extranjeras", *La Nación*, 03 de julio de 2002.

[190]   Ídem.

[191]   "No corren más riesgos que otros chicos", *Página/12*, 14 de julio de 2002.

[192]   "Una lupa sobre los donantes", *Página/12*, 19 de julio de 2002.

[193]   "Una pareja de lesbianas tendrá un hijo por fertilización asistida", *Clarín*, 18 de junio de 2002.

[194]   "Papás de probeta", *Página/12*, 14 de julio de 2002.

[195]   "La asistencia que no asiste a todos", *Página/12*, 11 de septiembre de 2006.

[196]   "Guardar hoy y ser madre mañana", *Página/12*, 29 de noviembre de 2002.

y esperma comenzaron a instalar otros usos de la FA para personas expuestas a tratamientos que pudieran afectar su fertilidad (por ejemplo, los pacientes oncológicos) y para aquellas mujeres que deciden "postergar su maternidad".[197]

La forma en cómo ponderan estas "acentualidades" (Hall, 1998; Voloshinov, 1976) no hace más que evidenciar que las prácticas de FA siguen quedando bajo los criterios de los actores que circulan dentro del mismo campo reproductivo. Asimismo, se hace inevitable la pregunta acerca del significado de la FA como un "tratamiento médico" o un "servicio", es decir que, si estamos frente a personas que padecen una enfermedad –o necesidad de que se garanticen sus derechos reproductivos– o a personas que funcionan como clientes y demandan un servicio para cumplir, a cualquier precio, con su "deseo de hijo". En este sentido, durante 2002 la intervención del Estado no sólo fue inexistente, sino que su ausencia se mantuvo prácticamente incuestionada, y cuestiones como la accesibilidad, la medicalización de esta práctica y la necesidad de una legislación fueron temas postergados.

Vacío legal

Durante 2004, dos van a ser los aspectos controvertidos de la FA; en primer lugar comenzará a constituirse una demanda de parte de las organizaciones no gubernamentales de pacientes que reclaman que la infertilidad sea reconocida como enfermedad e incluida dentro del PMO. En segundo lugar, se harán visibles las tensiones por el estatuto del embrión ante la designación legal de un "tutor" para los embriones crioconservados. En ambas situaciones el "vacío legal" será puesto en tensión por los distintos actores. Sin embargo, las demandas sobre esa falta llevan implícita

---

[197]   Ídem.

una forma particular de intervención estatal, según la cual se asegura la cobertura dentro del sistema de prestación privado y quedan excluidas aquellas demandas sobre el "vacío legal" relacionadas con la regulación estatal de las técnicas de FA.

En relación con el primer aspecto, tras antecedentes de causas llevadas a la justicia,[198] Concebir y otras organizaciones no gubernamentales hicieron un reclamo por discriminación. En consecuencia, la Subsecretaría de Defensa de la Competencia y del Consumidor dictó una medida cautelar[199] que garantizaba la cobertura médica del embarazo, el parto y la atención del neonato, sin que importe cómo se logró su concepción. Tal medida alcanzó a las obras sociales y prepagas a nivel nacional, a excepción de obras sociales provinciales en las que no rige el PMO. Para cumplir con la reglamentación vigente del PMO, se intimó a todas las empresas de medicina prepaga a que se abstuvieran de negarse a cumplir con la ley.[200] Las obras sociales y prepagas reaccionaron argumentando que este tipo de disposiciones provocarían un colapso en sus empresas y que todo reclamo por cobertura de salud relacionado con la FA era superficial, comparable al de una cirugía estética.[201] La Subsecretaría indicó que los costos debían ser asumidos como parte del riesgo empresario y que ese tema no era argumento para desconocer una ley.[202] Por su parte, los institutos de fecundidad tomaron una postura "neutral" cuando no evasiva acerca de la profundización del problema planteado: indicaron que era posible llegar

---

[198]   "Prepagas", *Página/12*, 14 de julio de 2004.
[199]   "Medida en favor de la fertilización asistida", *La Nación*, 14 de julio de 2004.
[200]   "Prepagas", *Página/12*, 14 de julio de 2004.
[201]   "Ley o no ley", *Página/12*, 23 de julio de 2004.
[202]   "Intiman a las prepagas a cubrir partos por fertilización asistida", *Clarín*, 14 de julio de 2004.

a un consenso y que, previniendo los embarazos múltiples en los tratamientos, resultaba posible evitar las complicaciones en salud que pudieran incidir en la economía de estas empresas.[203]

En relación al "vacío legal" sobre FA, organizaciones no gubernamentales de pacientes[204] e institutos de fecundidad[205] coinciden en algunos puntos: todos señalaron la importancia de reconocer la infertilidad como enfermedad mediante una ley de FA en la que obras sociales y prepagas estén obligadas a cubrir los tratamientos, y así indicar que la infertilidad no es una cuestión de clase. Sin embargo, ambos actores también coincidieron en que, por el momento, esa ley podía esperar, ya que temían que el Congreso promoviera una ley restrictiva contra las prácticas que venían realizándose libremente.

Por otra parte, en noviembre de 2004 un juzgado de la Ciudad de Buenos Aires designó como "Tutor especial" para los embriones congelados y ovocitos pronucleados existentes en dicha jurisdicción al Dr. Rabinovich. El sustento de esta designación fue el concepto de "intereses contrapuestos", motivo por el cual el tutor se encargaría de realizar un censo y control sobre los embriones crioconservados en los institutos. Rabinovich indicó que se involucró en esta causa para evitar que los embriones "fueran utilizados para experimentación y comercialización", ya que "son personas".[206] También expresó la necesidad de regulación de FA y asimiló la situación de esta práctica con el "nazismo".[207] En la misma línea, el Instituto de Bioética de la UCA manifestó que la manipulación de embriones era

---

[203]   Ídem.

[204]   "Querer no es poder", *Página/12*, 15 de octubre de 2004.

[205]   "Ley o no ley", *Página/12*, 23 de julio de 2004.

[206]   "Rabinovich, el tutor criticado por los padres", *La Nación*, 24 de julio de 2005.

[207]   Ídem.

una "falta de respeto" a la dignidad humana. Los institutos de fecundación se resistieron a estas medidas y apelaron a que se "violaba la intimidad" de los pacientes, que sólo darían la información "bajo consentimiento" de éstos ya que estas medidas implicaban una "violación del secreto profesional".[208] Concebir sustentó también el argumento de la "identidad y confidencialidad" e indicó que los únicos tutores de los embriones eran sus progenitores.[209] Finalmente, la causa judicial quedó parada hasta 2006, cuando Rabinovich fue reemplazado por la defensora de menores Silvia Dascal, que cedió a las apelaciones y acordó que cada seis meses los institutos informen sobre la cantidad de embriones almacenados, reservando la identidad de los padres.[210] Los institutos de fecundidad señalaron que estas situaciones "ridículas" se debían al "vacío legal" sobre FA.[211]

Entre las numerosas tensiones que se gestaron a lo largo de las últimas dos décadas y que identificaron a la FA como sumida en un vacío legal, el estatuto del embrión ha sido un articulador por excelencia en la lucha por la significación de estas prácticas. Al operar tal articulación, el tratamiento de la FA alcanza los límites de toda objetividad. Y es en ese mismo sentido en que aclarábamos que la tendencia a enunciar la ausencia de legislación por parte de los diversos actores en términos de un "vacío legal" da cuenta de un "resto" en la significación que va a operar –con distinta intensidad, según las coyunturas que estamos analizando– sintomáticamente.

---

[208]   Ídem.
[209]   "Ésta es otra piedra puesta en el camino", *La Nación*, 24 de julio de 2005.
[210]   "Qué hacer con los embriones", *Página/12*, 25 de julio de 2008.
[211]   "Embriones congelados: se niegan a revelar quiénes son sus dueños", *Clarín*, 26 de julio de 2005.

Sobre la ausencia estatal: un dilema para armar

A partir de 2008, el "vacío legal" sobre FA fue adquiriendo otras formas, las cuales pueden condensarse en tres tópicos: la búsqueda de reconocimiento de la infertilidad como enfermedad y de su inclusión dentro del PMO, los elementos implicados en las tensiones por el estatuto del embrión –relacionados con la donación, la crioconservación y el vientre subrogado– y un cuestionamiento sobre la salud reproductiva relacionada con los riesgos que implican los embarazos múltiples en la salud.

Durante 2008 se incrementarán los fallos judiciales a favor de la cobertura de tratamientos de FA por parte de las obras sociales y prepagas.[212] En mayo, varias organizaciones no gubernamentales comenzaron a juntar firmas para que los tratamientos de FA sean cubiertos por el PMO, bajo la concepción de la infertilidad como enfermedad,[213] tal como había sido planteado por los especialistas de la OMS (2002, 2003) y como ocurre en otros países[214]. Al mismo tiempo, un juez disintió sobre los fallos contra las obras sociales, no porque negara las demandas enunciadas, sino por considerar que, ante el "vacío legal", ese tipo de decisiones implicaban "avanzar sobre facultades" que no le corresponden al juez, sino al legislador y que este tipo de fallos implicaban consecuencias negativas en el financiamiento de la salud.[215] Nuevamente en 2008 habrá una ausencia estatal, con la diferencia de que esta vez será mucho más cuestionada que en años anteriores.[216]

---

[212] "La infertilidad es víctima de un grave vacío legal", *Clarín*, 08 de diciembre de 2008.

[213] "Firmas para que se considere enfermedad a la infertilidad", *Clarín*, 18 de mayo de 2008.

[214] "Buscan que la infertilidad sea considerada enfermedad", *Clarín*, 28 de marzo 2008.

[215] "Ordenó la Justicia tratar la infertilidad", *La Nación*, 30 de mayo de 2008.

[216] Ídem.

Con respecto a los institutos de fertilidad, su presencia en los medios gráficos se caracterizará por operaciones que parecieran "neutralizar" o cancelar toda posibilidad de debate acerca del estatuto del embrión y los derechos sexuales y reproductivos, por medio de abundancia de información general sobre métodos, nuevas técnicas, pacientes y promoción de centros especializados.[217] Sin embargo, en nuestro país el campo reproductivo decidió que la donación de gametas sea de carácter anónimo, a pesar de que no hay ley que lo indique así.[218] Tal como indicó una abogada especializada en FA, el anonimato de la donación pone en juego dos derechos, el del anonimato del donante y el derecho a la identidad del niño nacido bajo estas técnicas,[219] situación que deja planteado un dilema ético que vuelve a presentarse en la situación de los embriones congelados. En la Argentina existe una gran resistencia a la donación de embriones; de hecho, algunos especialistas en bioética han observado que la donación suele ser "inducida"[220] y, por otra parte, se ha observado que varias parejas asimilan el embrión congelado a un niño.[221] Aunque también se naturalizó la tendencia a no donar porque generalmente las parejas se distancian de los institutos y no vuelven a entablar contacto con ellos. Los embriones crioconservados quedan en una situación de indeterminación, ya que los médicos indican que ese material no es desechado, en éste ni en otros casos.[222]

Con respecto al vientre subrogado existe todavía una mayor indefinición. En 2008 hubo en el Congreso un proyecto de ley sobre vientre subrogado (PJ-FPV) que prohibió

---

[217]   "Ser madre con óvulos de otra mujer", *La Nación*, 20 de julio de 2008.
[218]   Ídem.
[219]   Ídem.
[220]   "Qué hacer con los embriones", *Página/12*, 25 de julio de 2008.
[221]   Ídem y "Todo valió la pena", *Página/12*, 25 de julio de 2008.
[222]   Ídem.

el alquiler de vientres, calificándolo de "manipulación genética" y de "pacto de contenido inmoral contrario a las buenas costumbres".[223] Este tipo de declaraciones van de la mano con la instrucción *Dignitas Personae* del Vaticano.[224] Ahora bien, observamos que este tipo de posturas pueden resultar inadecuadas para formular una regulación de lo que ya ha empezado a practicarse –en el marco del "vacío legal"– en nuestro país.[225] Observamos que las posturas, tanto de tipo cientificista como religiosa, obstaculizan un debate político y social más extenso y adecuado en relación con los dilemas que la FA presenta en la actualidad.

Si bien se mantiene la reducción del tema FA a la accesibilidad económica,[226] durante 2008 se vieron algunos matices más auspiciantes respecto del tratamiento social de la FA dentro del campo de la salud sexual y reproductiva. El director regional de la Red Latinoamericana de Reproducción Asistida (Red LARA) en Argentina, Uruguay y Paraguay recomendó a todos los miembros de la Red tratar de reducir el número de embarazos múltiples, por sus altos riesgos para la salud de la madre y del hijo. En la Argentina, el tema del embarazo múltiple tuvo opiniones divergentes entre especialistas en los años estudiados[227] pero, en su mayoría, pese a reconocer los riesgos, han realizado una mayor transferencia de embriones y reiterados intentos para incrementar posibilidades de "éxito".[228] Red LARA subrayó que si el embarazo es múltiple, el tratamiento no

---

[223]   "Vientre se alquila: maternidad en debate", *La Nación*, 20 de julio de 2008.
[224]   "Rechazo papal a la fertilidad asistida", *La Nación*, 13 de diciembre de 2008.
[225]   Ídem.
[226]   "Buscan que la infertilidad sea considerada enfermedad", *Clarín*, 28 de marzo de 2008
[227]   "Vivimos en una época de euforia reproductiva", *La Nación*, 14 de marzo de 2002.
[228]   "Todo valió la pena", *Página/12*, 25 de julio de 2008.

fue exitoso y remarcó la necesidad de una ley de FA en el país para prevenir y controlar estas situaciones.[229] Al mismo tiempo –y a raíz de experiencias poco auspiciosas– surge la ONG Multifamilias, la cual sostiene que los institutos no suelen informar sobre los riesgos de embarazos múltiples a raíz de estos tratamientos y que los médicos ceden al pedido de los pacientes de aumentar la transferencia de embriones tras varios intentos fallidos.[230]

Consideramos al Estado como un actor complejo, conformado por un conjunto dispar de actores. Por ejemplo, el Poder Judicial, como agente estatal, ha venido cumpliendo una función heterogénea en el tratamiento de FA. Como vimos, bajo distintas formas de vinculación con otros actores, se promovieron fallos que van desde posiciones restrictivas y morales hasta posiciones que brindan apoyo incondicional a las prácticas de FA. Por otro lado, a nivel legislativo, por lo menos hasta 2008, no hubo una respuesta abierta, sostenida y orientada a las demandas de regulación de la FA.

El conjunto multiacentual esbozado advierte sobre las dificultades de que temas como la infertilidad y las prácticas de FA sean reconocidos como un problema de salud pública. Del mismo modo, las "acentualidades" (Hall, 1998; Voloshinov, 1976) que se inscriben en esa búsqueda han venido siendo esporádicas y no han logrado aún posicionarse adecuadamente en esta "arena reproductiva", a lo largo de una historia signada por una acción-omisión por parte del Estado como garante de los derechos reproductivos implicados en la cuestión de FA.

---

[229]   Ídem.
[230]   Ídem.

Conclusiones

En las disputas discursivas sobre test de VIH, anticoncepción de emergencia, aborto y fertilización asistida se
rastrearon diversas construcciones, algunas de las cuales
tienen puntos en común y otras difieren.

El test de VIH, comparado con los otros tópicos, no
registra disputas respecto de su sentido entre los diferentes
actores enunciados. El Estado, en sus expresiones nacional
y local y sus diferentes estructuras, es el actor social que
organiza el debate mediante las estrategias implemen-
tadas –por lo menos a partir de 2002– y sobre todo en la
Ciudad de Buenos Aires. Si bien el VIH/sida puede anali-
zarse dentro del campo de la salud sexual y reproductiva,
el test identifica una práctica preventiva o un diagnóstico
que no problematiza cuestiones ligadas a la sexualidad
y la reproducción en el corpus seleccionado. Tampoco
problematiza otras cuestiones que hacen a la subjetividad
del usuario o posible testeante, excepto cuestionamientos
a la accesibilidad física en los servicios de salud, la falta
de recursos humanos (equipos de salud) o de preparación
de los mismos. Desde nuestra perspectiva, la referencia
al usuario debería estar presente, sobre todo cuando rei-
teradamente se argumenta que la mitad de las personas
seropositivas desconoce su situación.

Ante lo señalado, se visibiliza una institucionalización
de la práctica del testeo (y del discurso en sí mismo), la
cual es ponderada con un carácter normativo desde voces
que representan al sistema de salud y que asumen el test
como una estrategia de detección eficiente y privilegiada,
estrategia que resulta asumida por el Estado en calidad
de un asunto a ser abordado imperativamente. Incluso
en un sector prioritario de la población como el de las
mujeres embarazadas, la propuesta es la obligatoriedad
del ofrecimiento del análisis por parte del médico hacia

la mujer, preservando el feto mediante la prevención de la transmisión vertical. No se priorizaría de forma directa a la mujer y su salud como destinataria de esta práctica, ni tampoco se la construye como una *sujeta* activa, dueña de su práctica o de su proceso de atención.

En cuanto a los otros tres temas analizados, el papel del Estado surge en el debate orientando los términos de la disputa por el sentido.

A pesar de la posición oscilante del Estado frente a la problemática de la AE, en aquellos casos en los que toma una posición más activa, su presencia reorganiza los discursos, obliga a los actores a tomar posiciones en función de esa realidad y, por lo tanto, los hace actuar en consecuencia. Ejemplo de ello es el hecho de que la AE está integrada como método por la Ley de Salud Sexual y Procreación Responsable, lo que permite que ante su falta, actores interesados en su distribución reclamen públicamente en el sistema público de salud y señalen las consecuencias para las usuarias/ciudadanas con derechos ya establecidos por ley.

Respecto del aborto, la aprobación de la Ley Nacional 25673/02 de Salud Sexual y Procreación Responsable facilitó que el debate acerca de la penalización/despenalización del aborto se centre, de manera definitiva, en el ámbito de la salud pública y de los derechos sexuales y reproductivos. No sucede lo mismo con la FA, donde el Estado no tiene presencia porque no existe una legislación que regule esta práctica en sentido amplio, es decir, en beneficio de sujetos de derecho, ya que las contadas leyes y resoluciones existentes privilegian la regulación de la cobertura desde una óptica del acceso económico del tratamiento. Esta ausencia en la regulación de la práctica misma resulta determinante para el debate ya que no hay posibilidad de plantear, como estrategia discursiva eficiente, la perspectiva de salud pública y de derechos sexuales y reproductivos desde la cual esta problemática podría abordarse. En cambio, los discursos que circulan quedan subsumidos a las construcciones de actores que, o bien plantean dilemas morales como el estatuto del embrión, o bien orientan sus discursos en función de intereses comerciales –cada vez más rentables– en manos de clínicas privadas que llevan a cabo estas prácticas. Si bien no es parte del análisis el período posterior (entre 2009 y 2010) en el que se crearon leyes y resoluciones a nivel provincial sobre FA, cabe aquí señalar que el presente análisis discursivo puede ser un antecedente activo en el actual desarrollo del tema. Por ello, no es un dato menor que los discursos que estas instituciones construyen sean gobernados por criterios económicos; incluso aquellos relacionados con el vacío legal tienen como fin mantener e incrementar las ganancias de las instituciones que, en última instancia, e inclusive hasta el momento, han sido beneficiadas con la ausencia de una ley que regule a nivel nacional estas prácticas.

Este "avance" de los actores sobre la problemática de la FA en función de intereses económicos impide que se sienten las bases para un intercambio discursivo acerca de la igualdad en el acceso a métodos que permiten revertir las consecuencias de la infertilidad. En este punto, la problemática de FA se diferencia del tratamiento que se le da al tema de AE en los medios, dado que diversos actores (profesionales de la salud, investigadores e investigadoras, representantes de organizaciones no gubernamentales vinculadas a la defensa de derechos sexuales y reproductivos) reclaman la provisión de métodos anticonceptivos de emergencia en el sistema público de salud ya que, de lo contrario, las principales afectadas serían las mujeres de menores recursos.

La AE y el aborto tienen, en este punto, aspectos comunes: las mujeres de menores recursos son también en el caso de aborto, las más afectadas. Tal como se demostró en el análisis, cada vez con más fuerza se instaló discursivamente la relación entre abortos inseguros (producto de la ilegalidad de su práctica) y mortalidad materna. En el caso de AE, puede decirse que se inscribe en la misma cadena discursiva: si las mujeres de menores recursos no tienen acceso a un método anticonceptivo de emergencia, probablemente enfrenten un embarazo no deseado que podría terminar en un aborto inseguro que podría poner su vida en riesgo. Por ello tampoco es casual que quienes le reclaman al Estado provisión de métodos anticonceptivos, incluida la AE, sean los mismos sectores que sostienen que la despenalización del aborto bajaría la tasa de mortalidad materna.

A pesar de las diferencias existentes entre los temas, existe sin embargo entre estos tres últimos temas mencionados una cuestión en común cuyo tratamiento es abordado en el debate de AE, FA y aborto: el estatuto del embrión, es decir, el debate sobre el origen de la vida. En los tres casos, el planteo se lleva al plano de lo moral y es acompañado por las posturas que, predominantemente, ofrece la Iglesia Católica a través de las organizaciones no gubernamentales que comulgan con su sistema de valores y los y las profesionales que se desarrollan en sus instituciones (como la Universidad Católica Argentina).

En este punto la estrategia discursiva tanto para FA como para AE y aborto es la misma: defender la vida desde el momento de la concepción con argumentos que tienen como fin el impacto discursivo. Ejemplos de ellos son las frases del tipo "se están congelando personas", "píldora que mata niños" o "crimen del más indefenso". La ausencia o displicencia del Estado contribuye a que el debate tome ese cauce y se aleje de la perspectiva de salud pública para acercarse a posiciones más cercanas a lo moral.

De hecho, el Poder Judicial funciona en ese sentido cuando, en los tres casos, interviene como actor, hace lugar a los reclamos de sectores refractarios a estas prácticas y se hace eco de sus principios en sus fallos. Si el Estado estuviera presente y, de estarlo, hiciera cumplir la ley, las acciones del Poder Judicial no serían necesarias o, por lo menos, no traerían mayores consecuencias. Tal vez el caso de los abortos no punibles y el accionar judicial sea el ejemplo más acabado.

En cuanto al papel de la sociedad civil respecto de estos tres últimos temas mencionados, las diferencias son amplias. Aquellas organizaciones no gubernamentales relacionadas con la problemática de la FA no establecen relaciones discursivas entre el tema que abordan y la salud sexual y reproductiva mientras que las organizaciones no gubernamentales que intervienen en el debate sobre AE y aborto utilizan el discurso sobre salud y derechos sexuales y reproductivos como estrategia central. Éstas, además, exigen en sus reclamos que el Estado haga cumplir la ley o intervenga (perspectiva de salud pública y derechos) mientras que las organizaciones no gubernamentales relacionadas con la FA ni siquiera se plantean la ausencia del Estado como un obstáculo para que se cumplan los derechos que ellas reclaman.

Tal como lo hemos desarrollado en las disputas por el sentido, los cuatro temas analizados trazan tanto posibilidades como profundos límites para los debates democráticos en nuestro país sobre los derechos sexuales y reproductivos. Persisten tendencias morales de tinte conservador a nivel político, sociocultural y jurídico. No obstante estas formas de posicionamiento discursivo no proceden aisladamente, sino que ellas mismas son reacción y acción en una dinámica donde pugnan posicionamientos que buscan inscribir otras narrativas posibles de los temas analizados. Estas divergencias significantes tienen como desafío seguir recorriendo un complejo camino en pos de la creación y legitimación social de políticas públicas que garanticen los derechos sexuales y reproductivos de la población.

Referencias bibliográficas

Ariza, L., 2008, *El recurso a las tecnologías reproductivas en la Ciudad de Buenos Aires y AMBA: una aproximación cultural*, Tesis de Maestría en Sociología de la Cultura y Análisis Cultural, Universidad Nacional de San Martín e Instituto de Altos Estudios Sociales.

Bergallo, P. y Ramón Michel, A., 2009, "El aborto no punible en el derecho penal argentino", hoja informativa número 9, abril de 2009. http://www.despenalizacion. org.ar/hojas.html

Butler, P., 2003, "ART in Developing Countries –A Response to Individual Need or a Social Priority?", en *Progress in Reproductive Health Research*, Geneva: World Health Organization (WHO).

Caletti, S., 2000, "¿Quién dijo República? Notas para un análisis de la escena pública contemporánea", en *Versión. Estudios de Comunicación y Política*, Nº 10, UAM, México 2000, pp. 19-20.

Caletti, S., 2001, "Siete tesis sobre comunicación y política", en *Diálogos de la Comunicación*, FELAFACS, Nº 63, diciembre de 2001, pp. 46-47.

Faúndez, A. y Barzelatto, J., 2007, *El drama del aborto*, Santiago de Chile: LOM.

Garay, R., 2008, "El destino de ser madres: la ideología de la maternidad como soporte discursivo de las nuevas tecnologías reproductivas", en Tarducci, M. (org.), 2008, *Maternidades en el Siglo XXI*, Buenos Aires: Espacio Editorial.

Hall, S., 1998, "Significado, representación, ideología: Althusser y los debates postestructuralistas", en Morley, D. (coord.), Walkerdine, V. (coord.) y Curran, J. (coord.), 1998, *Estudios culturales y comunicación. Análisis, producción y consumo cultural de las políticas de identidad y el postmodernismo*, Barcelona: Paidós.

Laclau, E. y Mouffe, C., 1987, *Hegemonía y estrategia socialista. Hacia una radicalización de la democracia*, México: Siglo XXI.

Laclau, E., 1996, *Emancipación y diferencia*, Buenos Aires: Ariel.

Laclau, E., 2005, *La Razón populista*, Buenos Aires: Fondo de Cultura Económica.

Lois, M. y Cosoy, N., 2005, *La problemática del aborto en la Argentina: las luchas por la hegemonía discursiva (1994-2004)*, Carrera de Ciencias de la Comunicación, Facultad de Ciencias Sociales, Universidad de Buenos Aires: Tesina de grado, sin publicar.

Luna, F., 2002, "Assisted Reproductive Technology in Latin America: Some Ethical and Sociocultural Issues" en *Current Practices and Controversies in Assisted Reproduction*, eds. Vayena, E.; Rowe, P.J. y Griffin, P. D. OMS Ginebra, Suiza, OMS.

Mario, S. y Pantelides, E., 2009, "Estimación de la magnitud del aborto en la Argentina", *Notas de Población Nº 87 CEPAL*, Santiago de Chile: Naciones Unidas.

OMS/Organización Mundial de la Salud, 2002, Informe: "Medical, Ethical and Social Aspects of Assisted Reproduction", Ginebra, Suiza, del 17 al 21 de septiembre de 2001, eds. Effy Vayena, Patrick J. Rowe y grifo del P. David, OMS.

OMS/Organización Mundial de la Salud, 2010, *Glosario de terminología en Técnicas de Reproducción Asistida (TRA)*, Versión revisada y preparada por el International Committee for Monitoring Assisted Reproductive Technology (ICMART) y World Health Organization (WHO), Traducido y Publicado por la Red Latinoamericana de Reproducción Asistida, http://www.who.int/reproductivehealth/publications/infertility/art_terminology_es.pdf)

ONUSIDA, 1997, "Asesoramiento y VIH/sida", *ONUSIDA Actualización técnica*. Ginebra, 9, http://data.unaids. org/publications/IRC-pub03/counstu_es.pdf.

ONUSIDA, 1997, "Métodos para las pruebas del VIH", *ONUSIDA Actualización técnica*, Ginebra

ONUSIDA, 7 http://data.unaids.org/publications/ IRC-pub04/testmtu_es.pdf

OPS/Organización Panamericana de la Salud (s/r), "Anticoncepción de emergencia en las Américas", Hoja informativa, Programa Mujer, Salud y Desarrollo, http://www.paho.org/Spanish/AD/GE/emergen-cycontraceptionsp.PDF

Oszlak, O. y O'Donnell, G., 1976, "Estado y políticas estatales en América Latina: hacia una estrategia de investigación", en Flores, G. (comp.), 1984, *Administración pública, Perspectivas críticas*, Buenos Aires: ICAP.

Pecheny, M. y Tamburrino, C., 2009, "¿La palabra lo dice? Interpretaciones cruzadas y obstáculos al acceso a la anticoncepción de emergencia", *Revista Sexualidad, Salud y Sociedad*, n°1, pp.158-176, http://www.epublicacoes.uerj.br/index.php/SexualidadSaludySociedad/ article/view/5/119

Pecheny, M., Andía, A., Ariza, L., Brown, J., Epele, M., Conde, L., Mario, S. y Tamburrino, C., 2010, *Anticoncepción después de... Barreras a la accesibilidad a la anticoncepción de emergencia en la Argentina*, Buenos Aires: Teseo.

Petracci, M. (coord.) y Pecheny, M., 2007, *Argentina: Derechos Humanos y Sexualidad*, Buenos Aires: CEDES- CLAM/ IMRJ ISBN 978 987-21844-6-9.

Petracci, M. y Pecheny, M., 2009, "Panorama de derechos sexuales y reproductivos, Argentina 2009", *Revista Argumentos, Revista de Crítica Social, 11,* octubre de 2009. Facultad de Ciencias Sociales, Universidad de Buenos Aires.

Petracci, M. y Pecheny, M., 2010, *Argentina: Derechos Humanos y Sexualidad*, Actualización, http://www.clam.org.br/ publique/ media/coldoc_ar_website%20 final.pdf

Pêcheux, M., 1978, *Hacia un análisis automático del discurso*, cap. 1, parte II: "Orientaciones conceptuales para una teoría del discurso", pp. 31-77 y Segunda Parte, cap. l: "Formación social, lengua, discurso", Madrid: Gredos.

Portnoy, F., 2006, "Conocimientos, actitudes y prácticas de tocoginecólogos sobre anticoncepción de emergencia", Ponencia presentada en el I Congreso Nacional de Salud Social y Comunitaria, Parque Norte, Buenos Aires.

Portnoy, F. y Berkenwald, M., 2006, "Anticoncepción de emergencia", Guía para los trabajadores de la salud, Cuadernos de Comunicación y Educación en Salud Reproductiva, Buenos Aires: Programa de Salud Reproductiva, Ministerio de Salud, Gobierno de la Ciudad de Buenos Aires.

Saravi, F., 2007, "Contracepción de emergencia con Levonorgestrel", *Revista Medicina;* vol 6 (5), septiembre-octubre, http://www.scielo.org.ar/scielo.php?script=sci_arttext&p id=s0025-76802007000500013

Sommer, S., 1999, "Nuevas formas de procreación", en Scavone, L. (comp.), 1999, *Género y salud reproductiva en América Latina*, Cartago: Libro Universitario Regional (LUR).

Von Hertzen, H; Piaggio, G; Ding, J., 2002, "Low dose mifepristone and two regimens of levonorgestrel for emergency contraception: a WHO multicentre randomized trial", *Lancet*. Vol. 360, pp.1803–1810.

Voloshinov, V., 1976, *El signo ideológico y la filosofía del lenguaje*, Buenos Aires: Nueva Visión.

Žižek, S., 1992, *El sublime objeto de la ideología*, México: Siglo XXI.

Žižek, S., 1993, "Más allá del análisis del discurso", primera parte, en Laclau, E., 1993, *Nuevas reflexiones sobre la revolución de nuestro tiempo*, Buenos Aires: Nueva Visión.

Sitios Web consultados

Asociación Concebir: www.concebir.org.ar

Ministerio de Salud de la Nación: http://www.msal.gov.ar/htm/site/default.asp

Anexo. Cuadros de notas relevadas en los medios gráficos seleccionados

Cuadro I. Distribución de noticias sobre test
de VIH/sida según diario y año

	1998	2002	2004	2008
CLARÍN (43 notas)				
Test de VIH	3	5	7	6
Análisis de sida	7	6	5	4
SUBTOTAL	10	11	12	10
LA NACIÓN (3 notas)				
Test de VIH	0	1	0	0
Análisis de sida	0	0	0	0
SUBTOTAL	2	1		
PÁGINA/12 (17 notas)				
Test de VIH	-	2	2	2
Análisis de sida	-	3	5	3
SUBTOTAL	0	5	7	5
TOTAL POR AÑOS	12	17	19	15
TOTAL 63				

Cuadro II. Distribución de noticias sobre anticoncepción de emergencia según diario y año

	1998	2002	2004	2008
CLARÍN (15 notas)				
Anticoncepción de emergencia	0	0	2	7
Pastilla del día después	0	2	0	4
SUBTOTAL	0	2	2	11
LA NACIÓN (11 notas)				
Anticoncepción de emergencia	0	4	2	3
Pastilla del día después	0	0	0	2
SUBTOTAL	0	4	2	5
PÁGINA/12 (34 notas)				
Anticoncepción de emergencia	–	9	4	15
Pastilla del día después	–	2	1	3
SUBTOTAL		11	5	18
TOTAL POR AÑOS	0	17	9	34
TOTAL 60				

Cuadro III. Distribución de noticias sobre aborto según diario y año

	1998	2002	2004	2008
CLARÍN (241 notas)				
Aborto	25	42	121	45
Interrupción del embarazo	0	2	2	4
SUBTOTAL	25	44	123	49
LA NACIÓN (405 notas)				
Aborto	45	56	216	67
Interrupción del embarazo	0	2	10	9
SUBTOTAL	45	58	226	76
PÁGINA/12 (542 notas)				
Aborto	-	67	193	229
Interrupción del embarazo	-	5	17	31
SUBTOTAL		72	210	260
TOTAL POR AÑOS	70	174	559	574
TOTAL 1188				

Cuadro IV. Distribución de noticias sobre fertilización asistida según diario y año

	1998	2002	2004	2008
CLARÍN (78 notas)				
Fertilización asistida	10	13	13	23
Inseminación artificial	3	4	6	6
SUBTOTAL	13	17	19	29
LA NACIÓN (71 notas)				
Fertilización asistida	3	19	20	14
Inseminación artificial	5	2	4	4
SUBTOTAL	8	21	24	18
PÁGINA/12 (63 notas)				
Fertilización asistida	-	24	12	12
Inseminación artificial	-	4	8	3
SUBTOTAL		28	20	15
TOTAL POR AÑOS	21	66	63	62
TOTAL 212				

Acerca de las autoras

Josefina Leonor Brown. Doctora en Ciencias Sociales, Universidad de Buenos Aires, Argentina. Investigadora del Consejo Nacional de Investigaciones Científicas y Técnicas con sede en el Instituto de Investigaciones Gino Germani (FCS-UBA). Docente en la Carrera de Sociología (FCS-UBA). Autora y compiladora de libros y artículos sobre derechos sexuales reproductivos y no reproductivos, sexualidad, salud y ciudadanía publicados en las revistas *Política y Cultura de México, Estudos Feministas, Theoría de Chile, Sexualidad, Salud y Sociedad*, entre otras.

josefinabrown@gmail.com

Milca Cuberli. Doctoranda en Ciencias Sociales, Universidad de Buenos Aires, Argentina. Magister en Salud Pública, Maestría en Salud Pública, UBA. Licenciada en Ciencias de la Comunicación (FCS-UBA). Docente regular Carrera de Ciencias de la Comunicación (FCS-UBA). Egresada de la Residencia Interdisciplinaria de Educación para la Salud (RIeps), Ministerio de Salud de la Ciudad de Buenos Aires. Ha publicado artículos en revistas especializadas y en compilaciones.

milcacu@hotmail.com

Marina Lois. Licenciada en Ciencias de la Comunicación, Facultad de Ciencias Sociales, Universidad de Buenos Aires, Argentina. Fue becaria del Programa

Nacional Salud Investiga en 2007-2008. Desde 2002 se desempeña profesionalmente como especialista en comunicación institucional en el sector público. Ha presentado ponencias sobre discursos sociales a congresos nacionales e internacionales.
marinalois@gmail.com

Marina Mattioli. Doctoranda en Ciencias Sociales, Universidad de Buenos Aires, Argentina. Magister en Diseño y Gestión de Políticas y Programas Sociales, Facultad Latinoamericana de Ciencias Sociales (FLACSO-Sede Argentina). Licenciada en Sociología, Facultad de Ciencias Sociales, Universidad de Buenos Aires. Becaria del Consejo Nacional de Investigaciones Científicas y Técnicas (CONICET), con sede en el Centro de Estudios de Estado y Sociedad (CEDES).
marumattioli@gmail.com

Andrea Daniela Palopoli. Actualmente está realizando su tesina de licenciatura en Ciencias de la Comunicación y es docente del Taller de Comunicación Comunitaria de la misma carrera, Facultad de Ciencias Sociales, Universidad de Buenos Aires, Argentina. Es becaria UBACyT Estímulo con sede en el Instituto de Investigaciones Gino Germani (FCS-UBA). Participa en proyectos comunicacionales en organizaciones de la sociedad civil y entidades estatales.
andreapalopoli@gmail.com

Mónica Petracci. Doctora en Ciencias Sociales, Universidad de Buenos Aires, Argentina. Investigadora del Instituto de Investigaciones Gino Germani y Profesora Titular de la Carrera de Ciencias de la Comunicación, FCS-UBA. Investigadora externa del Centro de Estudios de Estado y Sociedad, CEDES. Autora y compiladora de libros (*Salud, derechos y opinión pública*, Editorial Norma,

2004; *Comunicación y Salud*, La Crujía, 2011 [con Silvio Waisbord]) y artículos sobre derechos sexuales y reproductivos publicados en *Reproductive Health Matters, ZER, Salud Pública de México, Horizontes antropológicos*, entre otras.
petracci@retina.ar

Cecilia Straw. Doctoranda en Ciencias Sociales, Universidad de Buenos Aires, Argentina. Magister en Relaciones Internacionales, Universidad de Bologna, Italia. Licenciada en Ciencia Política (FCS-UBA). Docente de las carreras de Comunicación Social y Ciencia Política (FCS-UBA). Becaria Culminación de Doctorado UBA con sede en el Instituto de Investigaciones Gino Germani (FCS-UBA). Es co-compiladora del libro *Opinión Pública. Una mirada desde América Latina* publicado por Emecé.
cecilia.straw@gmail.com

www.ingramcontent.com/pod-product-compliance
Lightning Source LLC
Chambersburg PA
CBHW020703270326
41928CB00005B/237